Claudia Blöser | Kant. 100 Seiten

AF635922

Reclam 100 Seiten

CLAUDIA BLÖSER, geb. 1980, ist Professorin für Philosophie mit Schwerpunkt Ethik an der Universität Augsburg.

Claudia Blöser

# Kant. 100 Seiten

RECLAM

Für Matthias und David

Der Verlag behält sich die Verwertung der urheberrechtlich geschützten Inhalte dieses Werkes für Zwecke des Text- und Data-Minings nach § 44b UrhG ausdrücklich vor. Jegliche unbefugte Nutzung ist ausgeschlossen.

2023 Philipp Reclam jun. Verlag GmbH,
Siemensstraße 32, 71254 Ditzingen
Durchgesehene Ausgabe 2024
Umschlaggestaltung: Philipp Reclam jun. Verlag GmbH
nach einem Konzept von zero-media.net
Bildnachweis siehe Anhang
In den Fällen, in denen der Rechteinhaber nicht ermittelt werden konnte, ist der Verlag Philipp Reclam jun. Verlag GmbH bereit, nach Anforderung rechtmäßige Ansprüche abzugelten.
Umschlagmaterial: Creative Print, Schabert
Druck und Bindung: Esser printSolutions GmbH,
Untere Sonnenstraße 5, 84030 Ergolding
Printed in Germany 2024
RECLAM ist eine eingetragene Marke
der Philipp Reclam jun. GmbH & Co. KG, Stuttgart
ISBN 978-3-15-020704-8

www.reclam.de

Für mehr Informationen zur 100-Seiten-Reihe:
www.reclam.de/100Seiten

# Inhalt

# 1. Annäherungen an Kant

Meine erste Begegnung mit Kant bestand in der Lektüre eines schmalen Büchleins mit dem Titel *Kant für Anfänger.* Ich war Abiturientin und hatte noch nie eine Zeile Philosophie gelesen. Genau kann ich mich nicht mehr erinnern, woher die Neugier kam, mit der ich das Büchlein in die Hand genommen hatte. Doch vermutlich hatte sie mit der Faszination für das gründliche Durchdenken der Welt zu tun. Die Fragen, mit denen Kant alles »Interesse der Vernunft« und damit der Philosophie zusammenfasst, lassen mich bis heute nicht los: »Was kann ich wissen? Was soll ich tun? Was darf ich hoffen? Was ist der Mensch?«. Dies sind Fragen, die uns als Menschen unmittelbar angehen, wenn wir über unseren Platz in der Welt nachdenken. Einerseits wirken sie einfach. Andererseits sind sie so allgemein und umfassend, dass man kaum weiß, wie man überhaupt anfangen soll, über sie nachzudenken. Wie konnte Kant beanspruchen, auf diese Fragen allgemeingültige Antworten zu geben?

Über einen längeren Umweg bin ich tatsächlich zu einer Promotion über Kant gekommen. Der Umweg umfasste ein gesamtes Physikstudium. Wie ich später erst verstanden habe, berührte sich mein Interesse an den Naturwissenschaften mit meinem Interesse an Kant, und zwar in dreifacher Hinsicht. Auch Kant hat sich in den ersten Jahren seiner akademischen Tätigkeit fast ausschließlich mit naturwissenschaftlichen Themen beschäftigt und in seiner *Allgemeinen Naturgeschichte und Theorie des Himmels* (1755) eine Theorie der Planetenentstehung entwickelt, die sich als ›Kant-Laplace-Theorie‹ sogar bestätigen ließ. Doch wäre er damit nicht unsterblich geworden.

Spannender sind zwei andere Fragen, die Kant angesichts des Siegeszugs der Naturwissenschaften, insbesondere der Newton'schen Physik, umtreiben:

Zum einen geht es um die methodische Frage, ob sich die Philosophie von der naturwissenschaftlichen Herangehensweise eine Scheibe abschneiden könnte.

Zum anderen ist Kants Werk von der Frage geprägt, was den Menschen ausmacht: Ja, der Mensch ist Teil der Natur und als solcher auch naturwissenschaftlich beschreibbar. Doch das ist nicht alles. Der Mensch ist auch vernünftig und frei, er ist ein Wesen, das sich dank seiner Vernunft orientieren und selbstbestimmt handeln kann. Auf 100 Seiten möchte ich einen Eindruck davon geben, wie Kant die menschliche Freiheit versteht, wo er sie am Werk sieht und wie er sie gegen Kritiker verteidigt.

## Vielfalt und Einheit

Eine weitere Motivation für dieses Büchlein besteht darin, Leserinnen und Lesern einen Eindruck von der Vielfalt und Einheit des kantischen Denkens zu geben. Wer einen Blick auf auch nur einige Titel der kantischen Texte wirft, wird sofort sehen, dass Kants Philosophie extrem vielfältig ist: Da gibt es eine *Knappe Darstellung einiger Gedanken über das Feuer* (1755, seine Magisterarbeit, die einer heutigen Doktorarbeit entspricht), *Neue Erhellung der ersten Grundsätze metaphysischer Erkenntnis* (seine Dissertation zum Erwerb der Lehrbefugnis an der Universität, ebenfalls 1755), *Versuch über die Krankheiten des Kopfes* (1764), *Träume eines Geistersehers, erläutert durch Träume der Metaphysik* (1766), *Von der Form der Sinnen- und Verstandeswelt und ihren Gründen* (Inauguraldissertation zum Antritt seiner Professur für Logik und Metaphysik 1770), *Von den verschiedenen Rassen der Menschen* (1775), *Idee zu einer allgemeinen Geschichte in weltbürgerlicher Absicht* (1784), *Metaphysische Anfangsgründe der Naturwissenschaft* (1786), *Die Religion innerhalb der Grenzen der bloßen Vernunft* (1794) oder *Zum ewigen Frieden* (1795).

Die Inhalte, über die Kant im Laufe seines Lebens nachgedacht hat, reichen also von den Grundlagen der Naturwissenschaft bis zu politischen Idealen wie dem ewigen Frieden. Kants Werk führt eindrücklich vor Augen, dass Philosophie keine Spezialwissenschaft ist. Sie hat keinen festgelegten Gegenstand, sondern kann sich jeden Gegenstand zum Thema machen.

Genauso eindrücklich wie die Vielfalt ist jedoch die Einheit von Kants Schaffen: Kant ist ein durch und durch systematischer Denker. Das ermöglicht die Entdeckung verblüffender Zusammenhänge: Wer hätte gedacht, dass ein und dieselbe philosophische Methode sowohl ein neues Verständnis von Raum und Zeit als auch die Begründung des Moralgesetzes erlaubt? Oder dass das Gefühl des Erhabenen, das sich beim Blick auf die Alpen einstellen kann, Ähnlichkeiten mit dem Gefühl haben könnte, das unser Bewusstsein moralischer Gebote begleitet?

Kant gewinnt diese Perspektive, die seiner Philosophie Einheit verleiht, erst im Laufe seines Schaffens. Die Werke, die ihn zu einem der größten Philosophen der Menschheitsgeschichte machen, verfasst er mit über 50 Jahren. Es sind die drei ›Kritiken‹: *Kritik der reinen Vernunft* (1781), *Kritik der praktischen Vernunft* (1788) und *Kritik der Urteilskraft* (1790). Doch wie sieht Kants Lebensweg aus, der zu diesen Werken führt?

## Ursprünge: Familie und Heimatstadt

Nur allzu bekannt ist Heinrich Heines Spott, dass Kant »weder Leben noch Geschichte« hatte, und stattdessen ein »mechanisch geordnetes, fast abstraktes Hagestolzenleben« lebte. Doch dieses Bild ist eine Karikatur. Es geht vor allem auf die Äußerungen von Kants frühen Biographen zurück, die sich auf Kants letzte Lebensjahre stützen. Allerdings ist das Bild des hochbetagten Kant keinesfalls repräsentativ für sein gesamtes Leben: Als Privatdozent an der Universität ist er als »eleganter Magister« bekannt, der viel für gutes Essen und Trinken übrighat. Doch beginnen wir am Anfang.

Kant wird am 22. April 1724 (als ›Emanuel‹ Kant – später lässt er seinen Namen ändern) in Königsberg geboren und stirbt dort kurz vor seinem 80. Geburtstag am 12. Februar 1804. Er verlässt, sieht man einmal von den Anstellungen als Hauslehrer im Königsberger Umland ab, seine Heimatstadt nie. Doch das bedeutet nicht, dass Kant ein provinzielles Leben geführt hätte. Kants Königsberg würden wir heute als multikulturell und kosmopolitisch bezeichnen: Es ist die Hauptstadt von Ostpreußen und steht als wichtiges Handelszentrum in vielfältigen Beziehungen zur restlichen Welt. Kant schätzt seine Heimatstadt als einen »schicklichen Platz zu Erweiterung sowohl der Menschenkenntnis als auch der Weltkenntnis [...], wo diese, auch ohne zu reisen, erworben werden kann« (VII: 120, Anm.).

Er wächst als Sohn eines Riemermeisters, der aus Leder Geschirre für Pferde anfertigte und für die Ausstattung von Kutschen zuständig war, in einfachen Verhältnissen auf. Später sollte er sich anerkennend über seine Eltern äußern: Die Erziehung, die sie ihm haben zuteilwerden lassen, hätte von der moralischen Seite betrachtet gar nicht besser sein können. Doch leicht hat es die Familie nicht: Von den neun Kindern sterben vier in jungen Jahren, und die Mutter wird 1737 beerdigt, als Kant erst 13 Jahre alt ist.

Kants Mutter ist stark vom Pietismus beeinflusst, also von einer evangelischen Glaubensrichtung, die großen Wert auf individuelle Frömmigkeit legt. Da Fragen der Religion in Kants Werk immer wieder eine Rolle spielen, wird gerne spekuliert, wie groß der Einfluss war, den die religiöse Umgebung seiner Kindheit auf sein Denken hat. Wie wir sehen werden, versucht seine Ethik jedoch gerade, Moral unabhängig von Religion zu begründen.

Auch in Bezug auf die religiöse Erziehung, die Kant während seiner Schulzeit im Collegium Fridericianum (der sogenannten ›Pietisten-Herberge‹) zuteilwird, äußert er sich später ablehnend: Unabhängiges Denken werde im Keim erstickt, stattdessen herrschten strenge Zucht und Disziplin sowie der Druck zur religiösen Bekehrung. Allerdings bietet für Kant der Schulbesuch auch eine Chance: Er ermöglicht ihm eine solide Bildung, die ihn auf den Besuch der Universität vorbereitet.

Nach dem Drill der Schulzeit genießt Kant die Freiheit umso mehr, die sich ihm ab 1740 an der Universität, der Albertina, eröffnet. Wie alle Studenten besucht er von Anfang an Vorlesungen in Philosophie. Doch während dies üblicherweise nur die Vorbereitung für eine der ›oberen Fakultäten‹ (Theologie, Rechtswissenschaft oder Medizin) ist, scheint sich Kant von Anfang an ganz der Philosophie verschrieben zu haben.

Kant ist knapp bei Kasse: Er betreut andere Studenten für Geld, aber auch im Austausch gegen Luxusartikel wie Kaffee und Weißbrot. Den unter Studenten üblichen Trinkspielen oder Raufereien zieht er das Billardspiel vor. Das beherrscht Kant so gut, dass es ihm auch zur Geldeinnahme dient – bis er so gut wird, dass niemand mehr mit ihm spielen möchte. Daraufhin verlegt er sich aufs Kartenspielen, das später sogar Eingang in seine Anthropologievorlesung findet: Es »gewöhnt uns unsere Affekte zurückzuhalten und kann so auf die Moralität Einfluss haben« (XXV,2: 1318).

In dem Jahr, in dem Kant sein Studium aufnimmt, stirbt Friedrich Wilhelm I., der König von Preußen, dessen repressive Regierung starken Einfluss in Königsberg und an der Universität ausgeübt hatte. Sein Nachfolger Friedrich II. (›der Große‹) tritt für religiöse Toleranz ein; er ist Atheist und interessiert sich sehr für Philosophie und Literatur. Mit dem neuen Herrscher zieht auch ein liberalerer Geist an der Universität ein. Dennoch spielen Verfolgungen und Zensurakte weiterhin eine Rolle in Königsberg. Wie wir sehen werden, gerät auch Kant später in Konflikt mit dem Zensurbüro.

Er verlässt 1748 die Universität – ohne Abschluss. Bis heute ist unklar geblieben, warum er keine Abschlussarbeit einge-

Gräfin Caroline Charlotte Amalia von Keyserling, Kreidezeichnung von Kant, um 1755

reicht hat: Liegt es an Geldsorgen nach dem Tod seines Vaters 1746? Oder daran, dass der Text, der seine Abschlussarbeit hätte werden können (die *Gedanken von der wahren Schätzung der lebendigen Kräfte*), aus theologischen Gründen für seine Lehrer nicht annehmbar war? Kant äußert in dieser Schrift Ansichten, die zum pietistischen Glauben, der Wille sei frei, in Spannung zu stehen scheinen. Der Text wird zwar nicht Kants Abschlussarbeit, aber doch seine erste Buchveröffentlichung.

Nachdem er die Universität verlassen hat, geht Kant einige Jahre lang einer der üblichen Beschäftigungen für mittellose Gelehrte nach: Er wird (in der Nähe von Königsberg) Hauslehrer. Auch wenn er sich selbst für einen schlechten Hauslehrer hält, mit seinen Dienstherren hat er Glück: Vor allem mit den Keyserlings wird ihn eine lebenslange Freundschaft verbinden. Über 30 Jahre ist er regelmäßiger Tischgast und nimmt gewöhnlich den Ehrenplatz zur Rechten der Gräfin ein.

## Der ›elegante Magister‹

Als er 1755 an die Universität als Privatdozent (*magister legens*) zurückkehrt, lebt er, wie damals für Privatdozenten üblich, ohne festes Gehalt nur von den Vorlesungsgebühren der Studenten. Entsprechend umfangreich ist seine Lehrtätigkeit (viele Kurse bedeuten letztlich viele Einnahmen): Logik, Metaphysik, Mathematik und Physik gehören zu seinem Pensum, genauso wie Geographie und Ethik, Anthropologie und Pädagogik. Er ist ein beliebter Dozent. Ein Student der ersten Stunde, Ludwig Borowski, der Kant ein Leben lang die Treue hielt und später zu seinen ersten Biographen gehört, berichtet, dass

Kants Vorlesungen mit »Witz und Laune« gewürzt sind und das eigene Denken fördern:

> Sie werden, das wiederholte er seinen Schülern unablässig, bei mir nicht Philosophie lernen, aber – philosophieren; nicht Gedanken bloß zum Nachsprechen, sondern denken. Aller Nachbeterei war er herzlich gram.

Offenbar sieht Kant seine Lehrtätigkeit auch als ein aufklärerisches Projekt: Herzstück seiner Pädagogik ist die Anregung zum Selberdenken. 1784 sollte er das in seiner berühmten Schrift *Was ist Aufklärung?* zum Leitspruch der Aufklärung erklären: »Habe Mut dich deines *eigenen* Verstandes zu bedienen!« (VIII: 35).

Die fünfjährige russische Okkupation Königsbergs im Siebenjährigen Krieg (1756–1763) bringt für Kant auch Vorteile: Er bessert seinen Lebensunterhalt durch den Unterricht russischer Offiziere auf. Außerdem genießt er den sozialen und kulturellen Einfluss der liberalen Besatzung: Eine offenere Lebensweise verdrängt den pietistischen Ernst, üppige Tafelfreuden die preußische Sparsamkeit. Kant ist als ›eleganter Magister‹ bekannt, der mit Goldschnur eingefasste Röcke trägt und sich ungezwungen in der High Society der adligen Offiziere und reichen Kaufleute bewegt.

## Die Tischgesellschaft: Lebenspraxis und Philosophie

Eine Konstante in Kants Lebensführung besteht in der Freude an gutem Essen und Trinken in Gemeinschaft: »Allein zu essen (*solipsismus convictorii*) ist für einen philosophirenden

Emil Doerstling, *Tischgesellschaft Kants*, 1892/93

Gelehrten ungesund« (VII: 279 f.). Zunächst nimmt er sein Mittagessen in Gasthäusern ein – dabei will er keinesfalls in seiner akademischen Blase bleiben, sondern mit anderen ins Gespräch kommen. Kant ist in kulinarischer Hinsicht anspruchsvoll, sodass sein Freund Theodor Gottlieb Hippel, später geadelt und Oberbürgermeister von Königsberg, scherzend prophezeit, er werde noch eine Kritik der Kochkunst schreiben. Ab 1787 lädt er Freunde zum Mittagessen zu sich nach Hause ein, eine Mahlzeit, die sich bisweilen bis in den späten Nachmittag ausdehnt.

Das gemeinsame Essen ist für Kant mehr als eine persönliche Vorliebe: Sie ist mit seinen philosophischen Auffassungen eng verbunden. Es geht beim gemeinsamen Essen neben dem sinnlichen Genuss darum, »einander selbst zu genießen«.

Diese auffällige Formulierung erinnert an Kants moralphilosophische Auffassung, Personen seien ›Selbstzwecke‹ (die

> Wenn ich eine Tischgesellschaft aus lauter Männern [...] nehme, so wie sie nicht bloß gemeinschaftlich eine Mahlzeit, sondern einander selbst zu genießen die Absicht haben [...]: so muss diese kleine Tischgesellschaft nicht sowohl die leibliche Befriedigung – die ein jeder auch für sich allein haben kann, – sondern das gesellige Vergnügen, wozu jene nur das Vehikel zu sein scheinen muss, zur Absicht haben. (VII: 278)

wir noch näher kennenlernen). Anders gesagt: Es geht den Anwesenden bei der Tischgesellschaft wechselseitig um sich selbst – sie treffen sich nicht nur um des Essens, sondern um ihrer selbst willen.

Eine gelungene Tischgesellschaft versteht Kant nicht als Produkt des Zufalls, sondern als Ergebnis richtiger Grundsätze. Das beginnt schon bei der Anzahl der geladenen Gäste: Diese soll »nicht unter der Zahl der Grazien und auch nicht über die der Musen« (VII: 278) liegen, also nicht weniger als drei und nicht mehr als neun betragen. Nur so ließe sich einerseits die Einheit des Gesprächs wahren, das bei einer größeren Anzahl in viele Gespräche zerfallen würde. Andererseits sei eine Vielfalt von Standpunkten garantiert, die es erlaube, die eigene Meinung im vertrauten Rahmen zur Diskussion zu stellen. Um dieses Vertrauen zu schützen, ist »Verschwiegenheit« (VII: 279) Pflicht.

Und über was unterhalten sich die Herren im Hause Kant? Wichtig ist die Wahl von Themen, die alle interessieren. Besonders gern diskutierte Kant über Politik. Fachgespräche über Philosophie waren bei Kant wohl verpönt. Zu den Regeln gehört auch, keine »Rechthaberei weder für sich noch die Mitgenossen der Gesellschaft entstehen oder dauern zu lassen« (VII:

281). Wenn es doch einmal zu Streit kommt, solle man sich so im Zaum halten, »dass wechselseitige Achtung und Wohlwollen immer hervorleuchte« (VII: 281).

Regeln, die für eine Tischgesellschaft gelten, scheinen auf den ersten Blick bloße Regeln der Etikette zu sein, die üblicherweise von Regeln der Moral unterschieden werden. Doch Kants Beschreibung legt etwas anderes nahe: Gute Manieren sind mit Regeln unseres moralischen Miteinanders eng verwoben – sie ermöglichen uns, so zu kommunizieren, dass wir moralischen Ideen wie Achtung und Respekt vor den Meinungen anderer gerecht werden können. Doch gegenseitige Achtung und Respekt dürfte nicht dazu geführt haben, dass es an Kants Tisch allzu ernst zuging. Kant war ein humorvoller Gesellschafter, der das Lachen gepriesen hat:

> Voltaire sagte, der Himmel habe uns zum Gegengewicht gegen die vielen Mühseligkeiten des Lebens zwei Dinge gegeben: die Hoffnung und den Schlaf. Er hätte noch das Lachen dazu rechnen können; wenn [...] der Witz oder die Originalität der Laune, die dazu erforderlich sind, nicht eben so selten wären. (V: 334)

Kant muss die ihm zufolge seltene Gabe gehabt haben, andere zum Lachen zu bringen. Doch er war nicht nur witzig, sondern hatte als großer Theoretiker natürlich auch eine Theorie des Lachens. In der *Kritik der Urteilskraft* finden wir eine originelle Definition des Lachens, die selbst ein Schmunzeln hervorruft:

> Das Lachen ist ein Affekt aus der plötzlichen Verwandlung einer gespannten Erwartung in nichts. (V: 332)

Kant illustriert diese Definition mit einigen Witzen, zum Beispiel: Ein Erbe möchte seinem »reichen Verwandten diesem sein Leichenbegräbnis recht feierlich veranstalten«, doch beklagt sich über seinen Misserfolg: »je mehr ich meinen Trauerleuten Geld gebe, betrübt auszusehen, desto lustiger sehen sie aus« (V: 333). Hier spielt Kant mit unseren Erwartungen, wie man ein feierliches Begräbnis ausrichtet – sie werden am Ende enttäuscht und lösen sich »in nichts« auf.

## Ein langer Weg – zur Professur und zur *Kritik*

Kant braucht einen langen Atem, um seinen Traum einer Professur an der *Albertina* zu verwirklichen: 1756 wird die Stelle seines Lehrers Knutzen für Logik und Metaphysik frei. Kant bewirbt sich, bekommt die Stelle aber nicht. 1758 wird die Stelle wieder frei, doch Kant geht abermals leer aus.

1764 bietet die Universität Kant den Lehrstuhl für Dichtkunst an, doch Kant, der weiterhin auf die Professur für Logik und Metaphysik hofft, lehnt ab. Lieber stockt er sein Gehalt als Privatdozent mit einem Gelegenheitsjob als Unterbibliothekar der ungeheizten und schlecht besuchten Schlossbibliothek auf. An Stellenangeboten von außen mangelt es nicht: 1769 erreicht ihn ein Ruf aus Erlangen, 1770 ein Ruf aus Jena. Beide Angebote lehnte er ab: Als ausschlaggebende Gründe für seine Absagen nennt er Heimatverbundenheit, seinen Freundes- und Bekanntenkreis sowie seinen angeschlagenen Gesundheitszustand.

Die beiden Stellenangebote lassen keinen Zweifel daran, dass Kant als Philosoph einen guten Ruf weit über Königsberg hinaus hatte. Allerdings ist er noch nicht zu einer eigenständigen Position in der Metaphysik gelangt, hat also noch keine feste Meinung in Bezug auf letzte Fragen, wie die Frage nach der Beschaffenheit der Welt oder der Existenz Gottes. Die sogenannte vorkritische Periode der kantischen Philosophie (also die Zeit vor 1770), wird häufig als Kants Auseinandersetzung mit den beiden vorherrschenden philosophischen Strömungen Rationalismus und Empirismus verstanden. Während der Rationalismus à la Descartes, Leibniz und Wolff behauptet, man könne metaphysische Fragen allein durch Nachdenken, ohne Rückgriff auf Erfahrung, beantworten, hält der Empirismus à la Locke und Hume dagegen, dass echtes Wissen immer nur Erfahrungswissen sein kann. Noch 1768 gesteht Kant in einem Brief an Johann Gottfried Herder, dass er

> mit einer tiefen Gleichgültigkeit gegen meine oder anderer Meinungen das ganze Gebäude öfters umkehre und aus allerlei Gesichtspunkten betrachte um zuletzt etwa denjenigen zu treffen woraus ich hoffen kann es nach der Wahrheit zu zeichnen. (X: 74)

Diese Zeilen zeigen deutlich, dass Kant zu dieser Zeit noch sucht. Wie sieht Kants Methode der ›Kritik‹ aus, die die Philosophie revolutionieren sollte?

## 2. Vom Wissen zum Glauben

Als Kant 1770 endlich seine so langersehnte Professur für Logik und Metaphysik an der Universität Königsberg erhält, passiert etwas Bemerkenswertes: Er veröffentlicht zehn Jahre lang – fast nichts. Doch der ›schweigende Kant‹ ist nicht faul, im Gegenteil: Er arbeitet an dem Buch, das der Philosoph Arthur Schopenhauer später »das wichtigste Buch, das jemals in Europa geschrieben worden«, nennen wird. Seine *Kritik der reinen Vernunft* erfordert ein grundsätzliches Umdenken – eine ›Revolution der Denkart‹: Kant stellt ganze neue Fragen, deren kreative Beantwortung eine umfassende Erneuerung philosophischer Begrifflichkeiten erfordert.

Bereits die Inkubationszeit macht deutlich, dass die erste *Kritik* nicht das Ergebnis einer genialen Eingebung, sondern eines intensiven Arbeitsprozesses ist. Zentrale Ideen finden sich in Ansätzen bereits in Kants Inauguraldissertation von 1770, mit der er sich als neuer Professor an der Universität vorstellt. In Briefwechseln mit seinen Freunden kündigt er ab 1772 die baldige Fertigstellung des Werks an.

Zu guter Letzt bringt Kant 1781 seine erste *Kritik* in »4–5 Monaten, gleichsam im Fluge« zu Papier, und das – wie er selbst zugibt – ohne dabei groß auf Stil und Verständlichkeit zu achten. Prompt strotzt die erste ausführliche Rezension in den *Göttingischen Anzeigen von Gelehrten Sachen* vor tiefgreifenden Missverständnissen. Und selbst der von Kant hochgeschätzte Moses Mendelssohn, einer der wichtigsten deutsch-jüdischen Intellektuellen Europas, hat das »Nervensaft verzehrende Werk« wohl nie zu Ende gelesen. Die Lektüre der *Kritik der reinen Vernunft* gleicht einer Bergtour, die alle Kräfte fordert. Warum sollte sich die Mühe lohnen, welche philosophischen Aussichten verspricht der steinige Weg?

## Warum überhaupt die Kritik?

Die *Kritik der reinen Vernunft* liefert auch und vor allem eine neue Perspektive auf die klassischen Probleme der Metaphysik, also auf die Frage nach der Existenz Gottes, der Unsterblichkeit der Seele und der Freiheit des Menschen. In den zwei Jahrzehnten vor der *Kritik* hatte sich Kant mit den gängigen Versuchen auseinandergesetzt, auf diese Fragen Antworten zu geben. Doch nichts kann ihn überzeugen. Er beklagt in der Vorrede der *Kritik der reinen Vernunft* den zerrütteten Zustand der Metaphysik: Sie sei ein »Kampfplatz [von] endlosen Streitigkeiten« (AVIII), weit davon entfernt, den »sicheren Gang einer Wissenschaft« (BVII) einzuschlagen. Seine Diagnose lautet: Die Metaphysik muss auf eine ganz neue Grundlage gestellt werden.

Als Schlüssel zum Erfolg versteht Kant die gründliche Untersuchung des Vernunftvermögens selbst. Dies ist es, was Kant unter ›Kritik‹ (gr. *krinein*, ›unterscheiden, urteilen, vor Gericht stellen‹) der Vernunft versteht: eine Bestimmung des »Umfanges und der Grenzen« (AXII) dessen, was wir durch reine Vernunft – unabhängig von Erfahrung – erkennen können.

Kant, der eine Vorliebe für juristische Metaphern hat, wählt das Bild eines Gerichtshofes, um seine Grundidee zu illustrieren. Wie vor Gericht soll die Rechtmäßigkeit von Ansprüchen geprüft werden, und zwar hier: die Rechtmäßigkeit von Erkenntnisansprüchen der reinen Vernunft. Das Besondere an diesem Gerichtshof ist, dass die Vernunft gleichzeitig Angeklagte und Richterin ist: Durch vernünftiges Nachdenken soll herausgefunden werden, was wir durch vernünftiges Nachdenken erkennen können. Auf dieser durch kritische Untersuchung bereinigten Grundlage, so Kant, könne der jahrtausendealte Streit über metaphysische Fragen beigelegt werden. Er verspricht den ausdauernden Bergsteiger:innen, die ihm auf den steinigen Wegen folgen, also nichts weniger als die ›Vollendung‹ der Metaphysik.

Manchen erscheint der Ausblick auf die von Kant ›vollendete‹ Metaphysik jedoch eher einem Blick auf einen Trümmerhaufen gleichzukommen. Kants Spitzname ›Alleszermalmer der Metaphysik‹, der auf Moses Mendelssohn zurückgeht, hat nämlich durchaus seine Berechtigung. Denn ein wesentliches Ergebnis der langen Gerichtshofsitzung lautet: Die Vernunft ist schuldig, über die klassischen Gegenstände der Metaphysik unberechtigte Wissensansprüche zu erheben. Wir können über Gott, Freiheit und Unsterblichkeit kein Wissen erlangen. Das ist hart. Hat sich der riesige Aufwand also gelohnt?

Zum Glück ist dies nicht das einzige Ergebnis. Kant kündigt schon in einem prägnanten Satz der Vorrede an: »Ich musste also das W i s s e n aufheben, um zum G l a u b e n Platz zu bekommen« (BXXX). Zermalmt wird also nur der Wissensanspruch in Bezug auf Gott, Unsterblichkeit und Freiheit, nicht aber die Lizenz zum Glauben. Doch kann man also alles glauben, was man will? Das möchte Kant nicht sagen. Zeichnen wir den Weg vom Wissen zum Glauben nach.

## Die ›Kopernikanische Wende‹: Ein folgenreicher Perspektivwechsel

Die Metaphysik beschäftigt sich mit Gott, Freiheit und Unsterblichkeit, also mit Gegenständen im weitesten Sinne, die alle Erfahrung überschreiten. Man könnte einwenden, dass es durchaus Hinsichten gibt, in denen wir Freiheit erfahren können, und religiöse Menschen würden dasselbe wohl von Gott behaupten. Doch für Kant ist Erfahrung immer mit sinnlicher Wahrnehmung verbunden – und Gott, Freiheit und Unsterblichkeit können wir nicht sinnlich wahrnehmen. Das bedeutet, dass metaphysisches Wissen, falls es solches überhaupt gibt, im Gegensatz zu Erfahrungserkenntnis, reine Vernunfterkenntnis sein muss.

Um diese besondere Erkenntnisart genauer zu fassen, bedient sich Kant zweier Begriffspaare: a priori / a posteriori und analytisch/synthetisch. Urteile sind a posteriori gültig, wenn ihre Begründung Erfahrung erfordert (*a posteriori*, »vom späteren«, weil die Begründung nach der Erfahrung erfolgt). Dagegen sind Urteile a priori gültig, wenn ihre Begründung von Sinneseindrücken unabhängig ist (*a priori*, »vom früheren«, weil die Begründung vor der Erfahrung erfolgt).

Da Kant den Umfang und die Grenzen reiner Vernunfterkenntnis bestimmen möchte, ist er besonders an Urteilen a priori interessiert. Diese weisen mit strenger Notwendigkeit (es könnte gar nicht anders sein, als es ist) und Allgemeinheit (sie gelten ausnahmslos) zwei weitere Merkmale auf.

Das zweite Begriffspaar, analytisch/synthetisch, betrifft die Frage, ob die Wahrheit eines Urteils bereits durch die Bedeutung der darin vorkommenden Ausdrücke festgelegt ist. Dies ist der Fall bei analytischen Urteilen, z. B. bei »Alle Junggesellen sind unverheiratet«: Man muss sich nicht weiter in der Welt umtun, um festzustellen, dass dieses Urteil wahr ist. Denn ›Junggeselle‹ bedeutet eben ›unverheirateter Mann‹, sodass in der Bedeutung der Begriffe der Grund für die Wahrheit des Urteils liegt.

Anders ist es bei synthetischen Urteilen, die unser Wissen über die Welt erweitern (»Dieser Mann ist unverheiratet«). Ohne Frage sind Urteile a posteriori, die durch Erfahrung begründet sind, auch gleichzeitig synthetisch: Es sind Erfahrungsurteile, die uns etwas über die Welt sagen, das sich nicht allein der Bedeutung der in ihnen vorkommenden Begriffe entnehmen lässt.

Doch gibt es auch synthetische Urteile a priori? Das wären Urteile, die unser Wissen erweitern (über die Bedeutung der verwendeten Begriffe hinaus), die aber gleichzeitig erfahrungsunabhängig sind. Versuchen Sie einmal, ein Beispiel für solche Urteile zu finden, und Sie werden schnell merken, wie schwierig das ist.

Es sind aber genau diese Urteile, deren Verständnis, so Kant, unerlässlich für ein Verständnis von Metaphysik ist. Denn metaphysisches Wissen müsste erfahrungsunabhängig (d. h. a priori gültig) sein und sich – so Kants Kritik am Rationalismus – nicht allein aus der Analyse der Begriffe von Gott, Freiheit und Unsterblichkeit ergeben (d. h. synthetisch sein). Und so lautet die Schicksalsfrage der Metaphysik: Wie sind synthetische Urteile a priori möglich?

Um diese Frage zu beantworten, schlägt Kant eine ›Revolution der Denkart‹ vor, die als ›Kopernikanische Wende‹ in die Philosophiegeschichte eingehen wird. Schlüssel zur Entdeckung von synthetischen Urteilen a priori ist eine bestimmte Methode der Naturwissenschaften, die Kant besonders beeindruckt. Naturforscher wie Galilei sind nicht einfach passive Beobachter der Natur, sondern nötigen diese mit ihren Experimenten, auf bestimmte Fragen zu antworten. Eine ähnlich aktive Rolle schlägt Kant auch in Bezug auf Subjekte vor, wenn es um Erkenntnis von Gegenständen geht: Kant zufolge sind die Gegenstände der Erfahrung nicht unabhängig von unserer Erkenntnis:

> Bisher nahm man an, all unsere Erkenntnis müsse sich nach den Gegenständen richten [...]. Man versuche es [...] einmal, ob wir nicht in der Aufgabe der Metaphysik besser damit vorankommen, dass wir annehmen, die Gegenstände müssen sich nach unserer Erkenntnis richten. (Vorrede, BXVI)

Doch wie soll man sich das vorstellen? Es scheint auf den ersten Blick ziemlich unverständlich zu sein, dass sich Gegenstände wie Tische und Stühle »nach unserer Erkenntnis richten« müssten. Doch müssen wir diesen kantischen Gedanken wirklich durchdringen, denn er ist der Dreh- und Angelpunkt seiner Transzendentalphilosophie. Denn diese untersucht die Bedingungen der Möglichkeit von Erfahrung, und zu diesen Bedingungen gehören insbesondere die Elemente, die wir (in einer noch genauer zu bestimmenden Weise) selbst zur Erfahrung beitragen. Der Schlüssel zur Antwort auf die Frage, wie synthetische Urteile a priori möglich sind, liegt darin, diese Elemente zu kennen.

Was soll aber ›Erkenntnis‹ genau bedeuten? Kant macht in Bezug auf das menschliche Erkenntnisvermögen die Grundannahme, dass Erkenntnis zwei ›Stämme‹ hat, nämlich Sinnlichkeit und Verstand. Die Sinnlichkeit liefert die Anschauung von Gegenständen, der Verstand die Begriffe, und nur die Kombination aus Anschauung und Begriff ergibt Erkenntnis. Mit seinem Talent für pointierte Formulierungen stellt Kant fest: »Gedanken ohne Inhalt sind leer, Anschauungen ohne Begriffe sind blind« (B 75). Ein kurzer Satz, der den langen Streit zwischen Rationalismus und Empirismus schlichten soll. Der Empirismus hat unrecht darin, dass alle Erkenntnis nur durch unsere Sinnlichkeit, der Rationalismus hat unrecht darin, dass Erkenntnis nur durch den Verstand kommt – beide Positionen sind zu einseitig. Kant versöhnt hier also scheinbar Unversöhnliches: Sinnlichkeit und Verstand sind zwei Vermögen des Menschen, die zusammenarbeiten müssen, um Erkenntnis von Gegenständen hervorzubringen.

## Die menschliche ›Brille‹: Raum, Zeit und die Kategorien

Sowohl die Sinnlichkeit als auch der Verstand bringen von sich aus etwas mit, wenn sie Gegenstände erkennen (und damit nähern wir uns wieder Kants These, dass sich die Gegenstände nach unserer Erkenntnis richten). Die Sinnlichkeit bringt die Anschauungsformen Raum und Zeit mit, der Verstand die reinen Verstandesbegriffe, die Kategorien.

Das ist eine gewaltige These: Kant behauptet nämlich, dass Raum und Zeit nicht *unabhängig* vom menschlichen Erkenntnisvermögen existieren – es gibt keinen Raum, in den wie in einen Container alle Gegenstände hineingestellt sind. Ebenso wenig gibt es die Zeit als irgendein Medium oder als eine verfließende Substanz. Vielmehr gehören Raum und Zeit zu der Art und Weise, mit der wir die Welt betrachten.

Versuchsweise können wir uns mit dem Bild einer menschlichen ›Brille‹ behelfen, um den Grundgedanken besser zu verstehen: Durch die Raum-Zeit-Brille betrachten wir die Welt, und deshalb erscheint uns alles in Raum und Zeit. Es handelt sich allerdings um eine besondere Brille: Niemand kann diese Brille absetzen, und wir können nicht davon ausgehen, dass es eine Wirklichkeit-ohne-die-Brille-betrachtet gibt. Kants Formulierung lautet: Die Anschauungsformen Raum und Zeit sind *Bedingungen der Möglichkeit von Erfahrung* überhaupt, und da sie zu den Bedingungen von Erfahrung gehören, entspringen sie nicht selbst der Erfahrung – sind also *a priori* gegeben.

Eine ähnliche Geschichte lässt sich auch über die Verstandesbegriffe, die ›Kategorien‹, erzählen. Davon gibt es zwölf. Bereits Aristoteles hatte in seiner Kategorienschrift zehn Kategorien aufgelistet, doch Kant beansprucht im Vergleich zu Aristoteles, systematischer vorzugehen und eine vollständige und nach Prinzipien geordnete Liste der Kategorien zu erstellen.

Greifen wir mit dem Begriff der Kausalität einen der Verstandesbegriffe heraus. Wir erfahren die Ereignisse in der Welt als kausal, d.h. nach Ursache und Wirkung, geordnet: Die Fensterscheibe zerbricht deshalb, *weil* ein Stein in sie geworfen wurde. David Hume meint, es bestünde keine *notwen-*

dige Verknüpfung zwischen Ursache und Wirkung – dass wir Stein und zerbrochene Fensterscheibe in ein solches Verhältnis setzen, sei einer bloßen Gewohnheit geschuldet. Als Empirist ist Hume der Überzeugung, alle Erkenntnis entstamme der sinnlichen Wahrnehmung. Und durch Wahrnehmung können wir gar nicht erkennen, dass ein Ereignis die Ursache eines anderen ist, wir sehen nur eine Beziehung bzw. Korrelation: Bisher zerbrach eine Fensterscheibe immer dann, wenn wir einen ausreichend großen Stein in sie geworfen hatten. Wenn diese Beziehung oft genug auftritt, so Hume, gewöhnen wir uns daran, dass die beiden Ereignisse im zeitlichen Zusammenhang auftreten, und nennen dies ›Kausalität‹.

Kant findet diese Analyse so scharfsinnig, dass er Hume das Verdienst einräumt, ihn, Kant, aus seinem »dogmatischen Schlummer« (IV: 260) geweckt zu haben. Tatsächlich stimmt Kant völlig mit Hume überein, dass die Notwendigkeit eines Kausalverhältnisses nicht ohne weiteres aus der Wahrnehmung abzulesen ist. Dennoch rettet Kant die Notwendigkeit der Kausalität: Der Begriff der Kausalität gehört zu den Bedingungen der Möglichkeit von Erfahrung: Wir bringen den Begriff der Kausalität bereits a priori (und damit notwendigerweise) mit und können gar nicht anders, als empirische Ereignisse in Verhältnissen von Ursache und Wirkung zu ordnen. Das entsprechende synthetische Urteil a priori (einer der ›Grundsätze des reinen Verstandes‹) lautet: »Alle Veränderungen geschehen nach dem Gesetze der Verknüpfung der Ursache und Wirkung« (A 189/B 232).

## Ohne Einheit keine Erfahrung

An Kants Begründung der Kategorientafel schließt sich eines der schwierigsten Kapitel der *Kritik der reinen Vernunft* an: die transzendentale Deduktion der Verstandesbegriffe. Mit dem Begriff der ›Deduktion‹ macht Kant wieder eine Anleihe beim Rechtswesen: Eine Deduktion vor Gericht soll einen Rechtsanspruch darlegen. Kant geht es hier nun um die Berechtigung, die reinen Verstandesbegriffe (die Kategorien) zu verwenden. Doch warum muss die Verwendung der Kategorien überhaupt gerechtfertigt werden? Allein die Frage ist nicht leicht zu verstehen, geschweige denn ihre Antwort.

Die Frage lässt sich besser verstehen, wenn man sich den Unterschied zwischen empirischen Begriffen (wie ›Stein‹) und den Kategorien vor Augen führt. Wieso sind wir berechtigt, empirische Begriffe auf Erfahrungsgegenstände zu beziehen? Ganz einfach: Weil wir sie in Auseinandersetzung mit diesen Gegenständen selbst gebildet haben! Wir haben für eine bestimmte Art von Gegenständen den Begriff ›Tisch‹ gebildet und dürfen deshalb diesen Begriff auf Gegenstände dieser Art anwenden. Genau das kann man aber von den Kategorien nicht sagen, weil sie Begriffe a priori sind (sie gehen nicht auf unsere Erfahrung zurück), und genau deshalb ist die Frage der Rechtmäßigkeit ihres Gebrauchs ein so drängendes philosophisches Problem.

So weit das Problem. Die Lösung bereitete seiner Leserschaft derartig große Schwierigkeiten, dass Kant sich veranlasst sieht, die transzendentale Deduktion für die zweite Auflage der *Kritik* (1787) vollständig zu überarbeiten.

Kants Argumentation beruht auf folgenden Grundgedanken: Objektive Erfahrungserkenntnis entsteht nur, wenn subjektive Wahrnehmungen miteinander zu einer Erfahrungseinheit verknüpft werden: So ergibt sich aus einer Vielfalt von Eindrücken wie etwa braun, glatt, rechteckig, hart und schwer die Erkenntnis des Gegenstands ›Tisch‹. Diese Verknüpfung findet statt, wenn die Wahrnehmungen Teil der Erfahrung ein und derselben Person sind. Und sie sind dann Teil der Erfahrung ein und derselben Person, wenn sich diese Person die Wahrnehmungsinhalte selbst zuschreiben kann. Diese Selbstzuschreibung geschieht in der Form bestimmter Urteile, etwa »Ich denke: ›Ich sehe etwas Braunes; ich fühle etwas Glattes; ich glaube, dass es ein Tisch ist‹«. Kant bringt das in einer oft zitierten Formulierung zum Ausdruck:

> Das: Ich denke, muss alle meine Vorstellungen begleiten können; denn sonst würde etwas in mir vorgestellt werden, was gar nicht gedacht werden könnte, welches eben so viel heißt, als die Vorstellung würde entweder unmöglich, oder wenigstens für mich nichts sein. (B 131 f.)

Die Person bringt sich durch Urteile ihre Wahrnehmungen zu Bewusstsein und verbindet sie durch Selbstzuschreibung zu einer einheitlichen Erfahrung. Die Form dieser Urteile, so hatte Kant jedoch zuvor gezeigt, wird bestimmt durch die Kategorien. Das Fällen von Urteilen und damit der Gebrauch der Kategorien ermöglicht also gleichzeitig zwei Dinge, die sich gegenseitig bedingen: Möglich werden eine einheitliche Erfahrung von Gegenständen und eine grundlegende Art des Selbstbewusstseins – die eigene Einheit bzw. Identität über die Zeit hinweg.

Eine Grundidee der komplizierten Deduktion lautet also: Ohne die einheitsstiftende Tätigkeit eines erkennenden Ichs kann es keine Erfahrung von Gegenständen geben. Und da diese einheitsstiftende Tätigkeit Urteile erfordert, die wiederum den Gebrauch der Kategorien einschließt, gehören die Kategorien zu den Bedingungen a priori der Möglichkeit der Erfahrung. Damit ist der Nachweis erbracht, dass alle Erfahrungen notwendig unter diese Begriffe fallen.

So schwierig Kants Argumentation ist, so inspirierend wirkte sie auf Kants Zeitgenossen und seine Nachfolger. Indem Kant das erkennende Subjekt ins Rampenlicht rückt, stellt er sich ganz in die Tradition der Philosophie der Neuzeit – man denke nur an Descartes' berühmtes Diktum »Ich denke, also bin ich«. Das ›Ich‹ des »Ich denke« ist bei Kant jedoch anders als bei Descartes keine denkende Substanz, sondern nur im Sinne der Tätigkeit denkbar, die es verrichtet, nämlich Vorstellungen sich selbst zuzurechnen und damit zu einer Einheit zu verbinden. Johann Gottlieb Fichte wird hier anknüpfen und das »Ich bin« zum ersten Grundsatz seiner *Grundlage der gesamten Wissenschaftslehre* (1794/95), einem Schlüsselwerk des Deutschen Idealismus, machen.

## Grenzen unseres Wissens: Erscheinung und Ding an sich

An einer Konsequenz von Kants ›Revolution der Denkart‹ sollte sich die Philosophie nicht weniger als an der Deduktion die Zähne ausbeißen, nämlich an der Unterscheidung zwischen ›Erscheinung‹ und ›Ding an sich‹. Bereits Kants Zeitgenosse Friedrich Heinrich Jacobi bemerkt spitz: Ohne die Annahme von Dingen an sich käme man nicht in die Vernunftkritik hinein, mit ihr könne man aber nicht darin bleiben. Warum führt Kant diese Unterscheidung ein? Und wieso ist sie problematisch?

Erinnern wir uns an ein zentrales Ergebnis der bisherigen Überlegungen: Erkenntnis gibt es nur im Zusammenspiel von Anschauungen und Begriffen. Anders formuliert: Die Grenze möglicher Erfahrung ist die Grenze möglicher Erkenntnis. Daher sagt Kant über menschliche Erkenntnis, »dass sie nämlich nur auf Erscheinungen gehe, die Sache an sich selbst dagegen zwar als für sich wirklich, aber von uns unerkannt, liegen lasse« (BXX). Heißt das, dass uns die Wirklichkeit immer verborgen bleibt? Dass die Welt der Erscheinungen eine Welt des Scheins ist und wir nie zu den Dingen selbst durchdringen können?

Kant sieht das nicht so. Er steht nicht in der Tradition, die bis zu Platon zurückreicht, nach der man das »eigentliche Sein« nur durch ein Denken erkennt, das sich von den Fesseln der Sinne befreit hat. Vielmehr sind die Erscheinungen selbst, so Kant, bereits die wahre Realität, sind kein bloßer Schein. Wie können wir das verstehen?

Behelfen wir uns nochmals mit dem Bild der Anschauungsformen und Verstandesbegriffe als einer ›Brille‹ des menschlichen Erkenntnisvermögens: Erscheinungen sind die Gegenstände der Erfahrung, die wir durch die Brille der Anschauungsformen und Verstandesbegriffe sehen. Wenn Menschen notwendigerweise diese Brille tragen, sind Gegenstände der Erfahrung notwendig in Raum und Zeit gegeben und werden durch die Kategorien bestimmt.

Machen wir nun ein Gedankenexperiment und d e n k e n uns, dass wir die Brille absetzen (was wir nicht können) – abstrahieren wir also von unseren Erkenntnisbedingungen. Was bleibt dann von den Gegenständen übrig? Das können wir natürlich nicht wissen, denn wir haben ja gerade von den Bedingungen abstrahiert, die für unsere Erkenntnis unverzichtbar sind. Doch Kant meint, dass wir dennoch denken müssen, dass irgendetwas übrig bleibt – denn »sonst würde der ungereimte Satz daraus folgen, dass Erscheinung ohne etwas wäre, was da erscheint.« Wir müssen also zumindest denken können, dass irgendetwas da ist, das erscheint. Dieser so unbestimmte Gegenstand – also das, was übrig bleibt, wenn wir im Gedankenexperiment von unseren Erkenntnisbedingungen abstrahieren – ist das berühmte ›Ding an sich‹. Der Begriff des Dings an sich ist also wichtig, um die Idee formulieren zu können, dass sich Erkenntnis nicht allein aus dem Subjekt ergibt, sondern auch die Welt ihren Teil (den wir nicht näher bestimmen können) beisteuert.

Die Unterscheidung zwischen Dingen an sich und Erscheinungen bildet das Herzstück des ›transzendentalen Idealismus‹, also jener Position, die Kants Philosophie ab (ungefähr) der *Kritik der reinen Vernunft* kennzeichnet. Sie wirft schwierige, bis heute umstrittene Fragen auf: Was genau ist die Beziehung zwischen Dingen an sich und Erscheinungen? Ist die Unterscheidung eine zwischen zwei ›Welten‹ von Objekten oder zwei ›Aspekten‹ ein und derselben Objekte? Und sagt Kant im Verlauf seiner Überlegung nicht doch zu viel über die Dinge an sich, bzw. berücksichtigt er nicht konsequent genug den Umstand, dass wir doch eigentlich gar nichts über sie sagen können?

Wie auch immer die Antworten auf diese Fragen ausfallen: Fest steht, dass die Unterscheidung zwischen Dingen an sich und Erscheinungen auch der Schlüssel zu einem neuen Verständnis von Metaphysik ausmacht. Denn nun ist klar: Wir können kein Wissen über Gegenstände haben, die keine Gegenstände der Erfahrung sind, und damit können wir auch kein Wissen über die klassischen Gegenstände der Metaphysik wie Gott, Unsterblichkeit und Freiheit haben. Einzig die Grundsätze des Verstandes (wie: »Jede Veränderung hat eine Ursache«)

sowie mathematische Urteile und grundlegende physikalische Gesetze erfüllen das zentrale Kriterium metaphysischer Sätze, nämlich synthetische Urteile a priori zu sein. Wer sich von der Metaphysik Wissen über Gott, Freiheit und Unsterblichkeit erhofft, wird enttäuscht werden. Könnte mit diesem Ergebnis die *Kritik der reinen Vernunft* nicht einfach zu Ende sein?

Doch so leicht lässt sich die menschliche Vernunft nicht abspeisen. Kant behauptet, dass Menschen aufgrund der Struktur ihrer Vernunft nicht anders können, als nach dem ›Unbedingten‹ zu suchen, und dass sie damit unvermeidlich bei den Ideen von Gott, Unsterblichkeit und Freiheit landen.

## Die Zwickmühle der Vernunft am Beispiel der Freiheit

In ihrer Suche nach dem Unbedingten verstrickt sich die Vernunft allerdings in Fehlschlüsse (diese nennt Kant ›Paralogismen‹), Widersprüche (von Kant als ›Antinomien‹ bezeichnet) und mangelhafte Beweise. Es entsteht ›transzendentaler Schein‹, also ein Schein von Wissen, wo keines sein kann. Kants Ziel im zweiten Teil der *Kritik* besteht darin, diesen Schein aufzudecken, ohne ihn dabei für immer aus der Welt schaffen zu können.

Was soll das heißen? Die Situation ist ähnlich wie bei einer optischen Täuschung: Ein Stab erscheint immer gebrochen, wenn er ins Wasser gehalten wird, doch mit dem passenden physikalischen Hintergrundwissen wird dieser Schein nicht für bare Münze genommen – und man kann sogar verstehen, wie er entstehen konnte. Kant liefert mit der *Kritik* das Hintergrundwissen, um die metaphysischen Irrungen nicht für bare Münze nehmen zu müssen.

Schauen wir uns die Zwickmühle an, in die die Vernunft in ihrem Nachdenken über Freiheit geraten ist. Kant bestimmt Freiheit als das »Vermögen, einen Zustand von selbst anzufangen« (A 532 f./B 506 f.) – einen Zustand, der gerade nicht durch Naturkausalität (eine Ursache, die in der Zeit vorhergeht) festgelegt ist. Eine ›transzendentale Idee‹ ist Freiheit, weil es ausgeschlossen ist, sie in der Erfahrung anzutreffen – schließlich gehört es zu den Bedingungen möglicher Erfahrung, dass die Erscheinungen in zeitlicher Abfolge von Ursache und Wirkung geordnet sind. Doch kann man daraus schließen, dass es gar keine ›Kausalität aus Freiheit‹ gibt?

Das kann man nicht. Laut Kant lassen sich zwei Behauptungen (These und Antithese) scheinbar beweisen: Die These lautet, dass es außer der Kausalität der Natur noch eine ›Kausalität aus Freiheit‹ gibt, oder anders ausgedrückt: Es muss eine erste Ursache geben, die selbst keine Ursache hat. Die Antithese hingegen besagt, dass alles, was geschieht, den Naturgesetzen gehorcht und deshalb eben keine Kausalität aus Freiheit möglich ist.

Kants Ausweg aus der Zwickmühle macht sich die Unterscheidung zwischen Dingen an sich und Erscheinungen zunutze: Für den Bereich der Erscheinungen ist die Antithese wahr, denn alle empirischen Ereignisse gehorchen den Naturgesetzen, und jedes Ereignis ist ein Glied in einer Ursache-Wirkungs-Kette. Anders gesagt: Jede Ursache ist gleichzeitig auch eine Wirkung einer zeitlich vorgängigen Ursache. Das gilt jedoch nicht für die Dinge, wie sie an sich betrachtet sind: Hier ist der Begriff einer unverursachten Ursache – einer Kausalität aus Freiheit – zumindest denkmöglich. Da unser Wissen nicht bis zu den Dingen an sich reicht, bleibt zumindest die logische Möglichkeit, dass es Freiheit gibt.

Das Ergebnis, dass die Freiheit denkmöglich ist, erscheint auf den ersten Blick ziemlich dürftig. Aber es ist ein wichtiger Schritt zur Verteidigung der Freiheit, und es ist auch noch nicht das Ende der Geschichte. Ein wichtiger Schritt ist es, da eine potentielle Gefahr für den Glauben an Freiheit entschärft wird: Dass wir frei sind, kann nicht widerlegt werden! Insbesondere heißt das: Keine Naturwissenschaft kann uns beweisen, dass wir in unserem Handeln nicht frei sind.

Dieses Ergebnis ist hochaktuell: Die neurowissenschaftlichen Experimente von Benjamin Libet und seinem Team wurden als Widerlegung unserer Fähigkeit, frei zu entscheiden, interpretiert. Mit Kant lässt sich sagen, dass diese Interpretation die Grenzen dessen, was naturwissenschaftliche Forschung leisten kann, nicht respektiert: Sie muss die Gültigkeit ihrer Aussagen auf den Bereich der Erscheinungen, auf den Bereich der Erfahrungswelt, beschränken.

## Die praktische Wende der Metaphysik

Die Geschichte, die Kant über Freiheit erzählt, geht aber noch weiter. Wir erreichen nun einen bedeutsamen Knotenpunkt in der kantischen Philosophie: den Zusammenhang von theoretischer und praktischer Vernunft. Die theoretische Vernunft, um die es in der *Kritik der reinen Vernunft* hauptsächlich geht, zeichnet uns als erkennende, die praktische Vernunft zeichnet uns als handelnde Wesen aus. Die theoretische Vernunft macht Aussagen darüber, was ist: Sie beschreibt das, was der Fall ist, und warum es der Fall ist. Die praktische Vernunft sagt, was sein soll: Sie leitet unser Handeln. Kant zeigt in der *Kritik der reinen Vernunft*, dass die theoretische Vernunft unsere Freiheit weder beweisen noch widerlegen kann. Doch der springende Punkt ist, dass wir nicht agnostisch bleiben müssen: Es ist die praktische Vernunft, die uns zeigt, dass wir tatsächlich frei sind.

Wie das geht, zeigt uns Kants Moralphilosophie, zu der er in der *Kritik der reinen Vernunft* wesentliche Ansätze skizziert. Die zentrale Idee, die zum Nachweis unserer Freiheit führt, lautet, dass es ein a priori gültiges Moralgesetz gibt, das notwendig und ausnahmslos (Kant nennt das ›kategorisch‹) gilt. Um zu verstehen, warum die Geltung eines unbedingten Sollens für den Nachweis unserer Freiheit relevant ist, müssen wir einen grundlegenden Satz der Metaethik hinzunehmen: Sollen setzt Können voraus. Dieser Satz besagt, dass wir nur dann zu etwas verpflichtet sind, wenn wir dieser Verpflichtung prinzipiell auch nachkommen können. (Es ist sinnlos zu fordern: »Du sollst aus dem Stand sieben Meter hochspringen!«) Umgekehrt bedeutet das aber auch: Wenn wir sicher sind, dass für uns ein Sollen gilt, können wir auch sicher sein, dass wir das Sollen befolgen können.

Zurück zu Kants Idee der kategorischen moralischen Forderung: Wenn wir uns bewusst sind, dass wir unter einer solchen Forderung stehen, die unabhängig von allen empirischen Gegebenheiten gilt, wird uns auch gleichzeitig bewusst, dass wir unabhängig von allen natürlichen Bestimmungen das moralisch Richtige tun können. Und ebendas, nämlich die Unabhängigkeit von allen natürlichen Ursachen, macht einen wesentlichen Aspekt von Freiheit aus. Kant meint: Tatsächlich sind wir uns bewusst, dass moralische Gesetze kategorisch für uns gelten – das nennt er das ›Faktum der Vernunft‹ (V: 31). Daher sind wir uns auch unserer Freiheit bewusst. Die Annahme, dass wir frei sind, ist also untrennbar verbunden mit unserem Selbstverständnis als moralische Wesen. So können wir zwar nichts über unsere Freihet *wissen*, aber sehr wohl an sie *glauben* bzw. sie *postulieren*.

Dadurch wird verständlicher, auf welche Weise Kant das »Wissen aufheben« musste, »um zum *Glauben* Platz zu bekommen«. Am Beispiel der Freiheit haben wir gesehen, dass sich der Glaube auf *praktische* Gründe stützt, die es uns erlauben, weiterhin vernünftigerweise an der Idee der Freiheit festzuhalten, auch wenn wir nicht beweisen können, dass wir frei sind.

## Gott und Unsterblichkeit

Eine ähnliche Geschichte lässt sich auch über den Glauben an Gott und Unsterblichkeit erzählen. Kants Argumentation dafür, warum der Glaube an Gott und die Unsterblichkeit vernünftig ist, nimmt ebenfalls auf praktische, moralische Gründe Bezug und verläuft ungefähr folgendermaßen:

Die praktische Vernunft hat ein Idealbild einer gerechten Welt vor Augen, von einer Welt, in der alle Menschen so glücklich sind, wie sie es aufgrund ihres moralischen Verhaltens verdienen. Eine solche perfekt gerechte Welt nennt Kant das ›höchste Gut‹. Doch offenbar ist unsere Welt sehr weit von diesem Idealbild entfernt: Auch moralisch gute Menschen leiden, werden nicht verschont von Krankheiten, Naturkatastrophen und Ungerechtigkeiten – und auch Schurken können glücklich sein. In der Tat müssten wir das höchste Gut für *unmöglich* halten, wenn wir unseren Blick nur auf die Empirie richten.

Allerdings hätte es schwerwiegende Folgen, wenn wir das höchste Gut einfach als Trugbild oder Chimäre aufgäben.

Denn damit käme die Moral ins Wanken: Wir sind laut Kant moralisch dazu verpflichtet, das höchste Gute nach besten Kräften zu befördern. Dieses Ziel für unmöglich zu erklären würde bedeuten, das Moralgesetz deshalb für fehlerhaft zu erklären, weil es uns unmögliche Aufgaben stellt, denn wir können ja nicht zu etwas verpflichtet sein, was wir aus prinzipiellen Gründen nicht erfüllen können. Das Moralgesetz ist aber über diesen Zweifel erhaben. Wie können wir das höchste Gut also doch für möglich halten?

Hier kommen Gott und die Unsterblichkeit ins Spiel: Wenn wir annehmen, dass Gott existiert, können wir uns einen Reim darauf machen, wie eines Tages jeder Mensch so glücklich wird, wie er es verdient. Kant erwägt hier verschiedene Varianten: dass Gott jedem das Seine zuteilt oder dass Gott die Welt so eingerichtet hat, dass jedem das Seine zukommt, ohne dass Gott eigens tätig werden muss. Für die Annahme der Unsterblichkeit führt Kant zwei Gründe an: Zum einen können wir nur unter dieser Voraussetzung annehmen, dass alle Menschen (auch die bereits Gestorbenen) irgendwann ihren Anteil am Glück bekommen; zum anderen brauchen wir unendlich viel Zeit, um perfekt moralische Personen zu werden. Wenn das so ist, sind der Glaube an Gott und an die Unsterblichkeit mit unserem praktischen, moralischen Selbstverständnis aufs Engste verknüpft.

## Warum wir hoffen dürfen

Die dritte von Kants Fragen (nach »Was kann ich wissen?« und »Was soll ich tun?«) ist wohl die überraschendste: »Was darf ich hoffen?« Bei christlichen Denkern wie Thomas von Aquin gelten Glaube, Liebe und eben Hoffnung als theologische Tugenden. Doch von dem traditionellen religiösen Rahmen hat sich Kant verabschiedet. Und trotzdem hält er Hoffnung für einen unverzichtbaren Bestandteil des menschlichen Blicks auf Zukunft. Was aber hat Hoffnung mit Vernunft zu tun? Ist sie nicht eigentlich das große ›Trotzdem‹, das sich allen vernünftigen Begründungen entzieht?

In unserem Alltag hoffen wir auf alles Mögliche, wie etwa auf gutes Wetter, die Genesung von einer Krankheit oder das Überstehen einer Krise. Kant bestreitet nicht, dass wir auf all das hoffen können. Doch er interessiert sich für eine Hoffnung, die alle Menschen teilen. Welche könnte das sein?

Es ist die Hoffnung auf die Vereinbarkeit der beiden Ziele, die Kant als fundamental für das menschliche Leben sieht, nämlich Glück und Moral. Da unser Glücksstreben und das, was die Moral fordert, jedoch in Konflikt geraten können, ist die Vereinbarkeit von Glück und Moral unsicher, eben ein Gegenstand der Hoffnung.

Wie wir gesehen haben, bezeichnet Kant den Zustand, in dem Glück und Moral miteinander in Harmonie sind, als das höchste Gut. Die Hoffnung, die alle Menschen teilen, ist nach Kant also die Hoffnung auf die eigene Glückseligkeit als Teil des höchsten Guts. Die Frage, ob wir hoffen dürfen, stellt sich aus dem Grund, den wir gerade kennengelernt haben: Das höchste Gut erscheint unmöglich – und auf Unmögliches (so meint Kant) dürfen wir nicht vernünftigerweise hoffen. Die Lizenz zum Glauben an Gott und Unsterblichkeit ist also auch die Lizenz zum Hoffen. Wie wir jedoch sehen werden, erfährt die Behandlung der Hoffnung in Kants Werk einen Wandel – als politische Hoffnung wird sie weltlicher. Das höchste Gut ist dann nicht mehr etwas, das nach dem Tod auf uns wartet, sondern ist politisches Ideal, dem wir durch Verbesserungen wie Bekämpfung von Armut und Unterdrückung näher kommen können.

Kants Argumente enthalten wichtige Einsichten, sind aber – wie alles in der Philosophie – auch Gegenstand der Kritik. Kant weist zu Recht darauf hin, dass Moral und Glück auf irgendeine Weise vermittelt werden müssen. Doch könnte man sich fragen, ob die Vermittlung auf eine Weise geschehen muss, die eine präzise Bemessung des Glücks in genauer Proportion mit der Moral erfordert.

Eine andere kritische Nachfrage betrifft die Notwendigkeit der Annahme Gottes und der Unsterblichkeit: Sind die Annahmen notwendig, um das Ziel der Pflicht, die Beförderung des höchsten Guts, für möglich zu halten? Wenn wir das höchste Gut nach besten Kräften befördern sollen, brauchen wir keinen göttlichen Beistand – allenfalls für eine perfekte Realisierung. Doch warum sollte diese eine Pflicht sein?

Diese Fragen lassen Kants hochspannende Grundidee unberührt: Im Zusammenspiel von theoretischer und praktischer Vernunft liegt die Führung bei der praktischen Vernunft. Für Kant sind Personen wesentlich handelnde Wesen. Als Handelnde müssen wir uns in der Welt orientieren und bestimmte Annahmen darüber machen, wie die Welt beschaffen ist. Oft kann unsere wissenschaftliche, theoretische Erkenntnis diese Annahmen nicht bestätigen, aber auch nicht widerlegen. Kant verteidigt also das »Primat der praktischen Vernunft« (V: 119): Unsere praktischen, moralischen Belange können ausschlaggebend dafür sein, was wir über die Welt glauben.

## 3. Freiheit und moralisches Gesetz

Die *Kritik der reinen Vernunft* beginnt mit der Diskussion von Fragen der Metaphysik und gelangt schließlich zu Fragen der Moral. 1785 veröffentlicht Kant mit der *Grundlegung zur Metaphysik der Sitten* sein erstes längeres Werk, das sich ganz der Moralphilosophie widmet. Der ›kategorische Imperativ‹ ist sehr bekannt. Doch wie wird er begründet? Begeben wir uns auf den Weg durch die *Grundlegung* – mit Seitenblicken auf die *Kritik der praktischen Vernunft* (1787) – und machen uns mit Kants epochemachender Begründung der Moral vertraut.

Doch zuvor müssen wir noch eine Brücke zur *Kritik der reinen Vernunft* schlagen: Wie in der theoretischen Philosophie, nimmt Kant in der praktischen eine ›Revolution der Denkart‹ vor. Auch in der praktischen Philosophie geht Kant vom Subjekt aus: Anstatt anzunehmen, dass sich das Subjekt nach einem ›von außen‹ gegebenen Sollen richten muss, verfolgt er die Idee, dass das Sollen durch das Subjekt selbst zustande kommt – und trotzdem allgemein verbindlich ist. Worauf es hinausläuft: Ähnlich wie Raum, Zeit und die Kategorien durch menschliche Vermögen (Verstand und Sinnlichkeit) in die Welt kommen, ist das Moralgesetz in der reinen praktischen Vernunft begründet.

Um die Begründung moralischer Regeln zu erforschen, untersucht Kant also die praktische Vernunft daraufhin, ob sie Prinzipien a priori enthält. Das bedeutet aber nicht, dass Kant die gewöhnliche moralische Praxis einerlei wäre. Im Gegenteil, er beansprucht, nur das philosophisch zu untermauern, was der gesunde Menschenverstand sowieso weiß, aber mitunter nicht so klar vor Augen hat:

> Jedermann muss eingestehen, dass ein Gesetz, wenn es moralisch, d.i. als Grund einer Verbindlichkeit, gelten soll, absolute Notwendigkeit bei sich führen müsse; [...] dass mithin der Grund der Verbindlichkeit hier nicht in der Natur des Menschen oder den Umständen in der Welt, darin er gesetzt ist, gesucht werden müsse, sondern a priori lediglich in Begriffen der reinen Vernunft. (IV: 389)

Hat Kant recht damit, dass wirklich ›jedermann‹ seine Annahmen teilt? Wohl eher nicht: Relativisten verstehen moralische Regeln als kulturabhängig, und Subjektivisten gestehen moralischen Fragen kaum einen anderen Stellenwert zu als persönlichen Geschmacksfragen. Doch viele teilen Kants Intuition, dass sich moralische Fragen gerade dadurch von Fragen der Mode und des Geschmacks unterscheiden, dass sie nach Antworten verlangen, denen alle zustimmen können. Kants Ethik ist daher eine nach wie vor wichtige Gesprächspartnerin für alle, die an einer weltlichen, Objektivität und Allgemeingültigkeit beanspruchenden Ethik festhalten wollen.

## Der gute Wille und das Handeln aus Pflicht

Kants Ethik beginnt mit einem Paukenschlag. Der Eröffnungssatz der *Grundlegung zur Metaphysik der Sitten* lautet:

> Es ist überall nichts in der Welt, ja überhaupt auch außer derselben zu denken möglich, was ohne Einschränkung für gut könnte gehalten werden, als allein ein guter Wille. (IV: 393)

Eine starke Behauptung, das einzig uneingeschränkt Gute (sogar »außer« der Welt, für alle möglichen Vernunftwesen) ausfindig gemacht zu haben! Kant erklärt: Anderes, das auch für gut gehalten wird (Intellekt, Charaktertugenden wie Mut oder Beharrlichkeit, aber auch Macht, Reichtum und sogar Gesundheit) kann auch auf schlechte Weise eingesetzt werden, etwa von einem mutigen und klugen Mörder. All dies kann zwar gut sein, aber nur unter der Bedingung, dass auch der Wille der Person gut ist. Was macht also einen guten Willen aus? Es ist nicht der Erfolg:

> Wenngleich durch eine besondere Ungunst des Schicksals oder durch kärgliche Ausstattung einer stiefmütterlichen Natur es diesem Willen gänzlich an Vermögen fehlte, seine Absicht durchzusetzen, wenn bei seiner größten Bestrebung dennoch nichts von ihm ausgerichtet würde, und nur der gute Wille […] übrig bliebe: so würde er wie ein Juwel doch für sich selbst glänzen, als etwas, das seinen vollen Wert in sich selbst hat. (IV: 394)

Kant grenzt sich von *konsequentialistischen* Ethikentwürfen (wie die von Jeremy Bentham, auf dessen Werk später John Stuart Mill und Henry Sidgwick aufbauen) ab, denen zufolge ausschließlich die Folgen einer Handlung ausschlaggebend dafür sind, ob die Handlung erlaubt, geboten oder verboten ist. Doch sollte es nach Kant wirklich moralisch ausreichend sein, etwas Gutes zu wollen, ohne sich um die Realisierung zu kümmern? Max Weber sieht Kants Ethik als Paradigma einer ›Gesinnungsethik‹ (im Gegensatz zu einer ›Verantwortungsethik‹, die auch auf die Folgen sieht), die es sich (zu) leicht macht nach dem Motto: »Der Christ tut recht und stellt den Erfolg Gott anheim.«

Dieser Vorwurf übersieht eine Klarstellung: Der gute Wille dürfe »freilich nicht etwa als ein bloßer Wunsch, sondern als die Aufbietung aller Mittel, so weit sie in unserer Gewalt sind« (IV: 394), verstanden werden. Dem guten Willen ist sein Erfolg also nicht vollkommen gleichgültig, doch sein eigener Wert ist unabhängig davon, ob der Erfolg auch tatsächlich eintritt. Damit trifft Kant eine weitverbreitete Intuition: Ob etwas moralischen Wert hat, ob wir dafür gelobt oder getadelt werden können, sollte ausschließlich von dem abhängen, was wir selbst auch beeinflussen können. Was sich dem Zufall verdankt, ist für moralischen Wert unerheblich.

Jetzt wissen wir schon einmal, worin der gute Wille *nicht* besteht. Doch was macht ihn positiv aus? Kants Antwort lautet: Ein guter Wille handelt nicht nur *pflichtmäßig*, sondern *aus Pflicht*. (Daher ist Kants Ethik das Paradigma einer Pflichtethik oder ›deontologischen Ethik‹, von gr. *deón*, ›die Pflicht‹.) Das klingt nach strengem preußischem Gehorsam. Doch der ist hier gar nicht gemeint. ›Pflichtmäßig‹ ist eine Handlung, die äußerlich einem Gesetz entspricht, ›aus Pflicht‹

ist sie, wenn sie aus den richtigen Gründen vollzogen wird, nämlich weil sie einem Gesetz entspricht.

Kant illustriert diesen Unterschied an einigen Beispielen:

- Ein ›kluger Kaufmann‹ bedient seine Kunden ehrlich, handelt also pflichtmäßig. Allerdings könnte es sein, dass er dies nur aus ›eigennütziger Absicht‹ tut und nicht aufgrund der Einsicht, dass Ehrlichkeit das moralisch Richtige ist.
- Ein ›Menschenfreund‹ hilft anderen: Doch tut er dies, weil es moralisch richtig ist oder nur, weil es ihm selbst Freude macht oder Ehre verschafft? Das wüsste man erst, wenn man sehen könnte, was passiert, wenn es dem Menschenfreund schlecht ginge und seine Neigungen wegfielen:

> Gesetzt also, das Gemüt jenes Menschenfreundes wäre vom eigenen Gram umwölkt, der alle Teilnehmung an anderer Schicksal auslöscht, er hätte immer noch Vermögen, anderen Notleidenden wohlzutun, aber fremde Not rührte ihn nicht, weil er mit seiner eigenen genug beschäftigt ist, und nun, da keine Neigung ihn mehr dazu anreizt, risse er sich doch aus dieser tödlichen Unempfindlichkeit heraus und täte die Handlung ohne alle Neigung, lediglich aus Pflicht, alsdenn hat sie allererst ihren echten moralischen Wert. (IV: 398)

Das klingt so, als sei moralisches Handeln nach Kant eine ziemlich freudlose Angelegenheit. Sein Zeitgenosse Friedrich Schiller zeichnet ein wenig ansprechendes Bild eines tugendhaften Menschen im Sinne Kants, wie er ihn verstanden hat:

Gewissensskrupel

Gerne dien ich den Freunden, doch tu ich es leider mit Neigung,
Und so wurmt es mir oft, dass ich nicht tugendhaft bin.

Decisum

Da ist kein anderer Rat, du musst suchen, sie zu verachten,
Und mit Abscheu alsdann tun, wie die Pflicht dir gebeut [gebietet].

Doch das ist eine Karikatur. Wie an jeder guten Karikatur findet sich jedoch an ihr auch ein Körnchen Wahrheit: Für Kant besteht grundsätzlich die Möglichkeit, dass Moral und das eigene Glücksstreben miteinander in Konflikt geraten. Wir sind keine Götter oder Engel, die automatisch das moralisch Richtige tun und für die es deshalb (im Gedankenexperiment) keine Pflichten gibt. Pflicht heißt: Sollen. Das Sollen kann – bei Wesen mit Neigungen, wie es Menschen sind – in eine andere Richtung weisen als das Wollen, das auf Neigungen beruht. In diesen Fällen tut man das Moralische (wenn man es denn überhaupt tut) ungerne.

Allerdings möchte Kant nicht behaupten, dass wir das Moralische *immer* ungerne tun oder gar ungerne tun sollten. Hier übertreibt Schiller (und er hat später seine Einschätzung der kantischen Ethik geändert). Der Menschenfreund, der anderen mit Freude hilft, macht nicht per se etwas falsch, im Gegenteil: Kant sagt in einer späteren Schrift in Antwort auf Schiller, das »fröhliche Herz in Befolgung seiner Pflicht« sei ein »Zeichen der Echtheit tugendhafter Gesinnung« (VI: 24 Anm.). Kant meint lediglich, dass dann niemand *wissen* kann, ob er anderen aus Pflicht hilft – also genau deshalb, *weil* er einsieht, dass er es tun sollte. Im Fall des unglücklichen Menschenfreundes, der anderen auch ohne Neigung hilft, wird also besonders deutlich erkennbar, dass er aus Pflicht handelt und sein Handeln daher moralisch wertvoll ist. So wird auch verständlich, warum Kant das Motiv der Pflicht hochhält: Das Handeln aus Pflicht garantiert, dass unter allen Umständen moralisch gehandelt wird. Neigungen und Gefühle kommen und gehen (so sieht es zumindest Kant), doch die moralische Einsicht bleibt.

## Zwei Arten von Imperativen

Ein guter Wille ist also ein Wille, der ›aus Pflicht‹ handelt – und Pflicht, so erläutert Kant weiter, ist die »Notwendigkeit einer Handlung aus Achtung fürs Gesetz« (IV: 400).

Das Gefühl der Achtung ist bemerkenswert: Auch wenn Kant die Gefühle für zu wenig verlässlich hält, um moralisches Handeln zu motivieren – ganz ohne Gefühl kommt auch seine Theorie der moralischen Motivation nicht aus. Allerdings handelt es sich bei der Achtung um ein besonderes Gefühl, weil es, wie Kant sagt, durch die Vernunft selbst hervorgerufen wird. Das klingt etwas mysteriös – und es zeigt, dass Kant eine äußerst umfassende Konzeption von Vernunft hat, die bis an die Gefühle heranreicht. Achtung ist ein faszinierendes, weil zwiespältiges, Gefühl, das sowohl »Demütigung« als auch »Erhebung« (V: 79) umfasst: Gedemütigt fühlt sich die Person insofern, als ihren persönlichen Neigungen und Wünschen die oberste Autorität abgesprochen wird; das positive Gefühl der Erhebung speist sich aus dem Bewusstsein, dem moralischen Gesetz entsprechen zu können.

Welches ist nun das moralische Gesetz? Da Menschen keine perfekt vernünftigen, sondern auch sinnliche Wesen sind und daher nicht automatisch in Übereinstimmung mit dem Moralgesetz handeln, tritt das Gesetz immer als Imperativ, also: als ein ›Sollens-Satz‹, auf. Kant unterscheidet dabei zwei Arten von Imperativen, nämlich hypothetische und kategorische:

Hypothetische Imperative sagen einem, was man tun soll, wenn man einen bestimmten Zweck verfolgt, zum Beispiel: »Wenn dir deine Gesundheit wichtig ist, solltest du dich mehr bewegen.« Die Vorschrift »Du solltest dich mehr bewegen!« gilt nur unter der Bedingung (und insofern hypothetisch), dass man sich den Erhalt der eigenen Gesundheit zum Zweck gesetzt hat.

Da Kant zufolge ein moralischer Grundsatz notwendig und unbedingt gelten muss, können hypothetische Imperative keine Imperative der Moral sein. Als moralisches Prinzip ist also ein Imperativ gesucht, der unabhängig davon gilt, welche Zwecke sich eine Person in ihrer individuellen Lebenslage gesetzt hat – ein Imperativ also, der kategorisch gilt. Weil keinerlei empirische Bedingungen in die Formulierung des kategorischen Imperativs eingehen dürfen, muss es sich um ein Prinzip a priori handeln, das rein formal ist. So kommt Kant zu seiner berühmten ersten Formulierung des kategorischen Imperativs, die nichts anderes fordert als die Form der Gesetzmäßigkeit selbst (und daher auch die ›Gesetzesformel‹ genannt wird):

> [H]andle nur nach derjenigen Maxime, durch die [das bedeutet hier: von der] du zugleich wollen kannst, dass sie ein allgemeines Gesetz werde. (IV: 421)

Schauen wir uns genauer an, was der Begriff der Maxime bedeutet und wie sich Kant den Test vorstellt, den eine Maxime bestehen muss, damit die nach ihr erfolgenden Handlungen erlaubt sind.

## Was ist eine Maxime?

Eine Maxime ist ein subjektiver Grundsatz des Handelns, also ein Prinzip, das eine Person als Grundlage ihres Handelns anerkennt. Zum Beispiel: »[W]enn ich mich in Geldnot zu sein glaube, so will ich Geld borgen und versprechen, es zu bezahlen, ob ich gleich weiß, es werde niemals geschehen.« (IV: 422) In einer Maxime wird also ein Situationstyp beschrieben (»Ich bin knapp bei Kasse«) und eine Art und Weise, in solchen Situationen zu handeln (»Ich werde ein falsches Versprechen abgeben«).

Die Rolle, die Kant Maximen im menschlichen Leben zuweist, ist vielschichtig. Auf der einen Seite geht er davon aus, dass *allem* menschlichen Handeln Maximen zugrunde liegen. Es ist gerade Ausdruck unserer Freiheit, dass wir nach Maximen handeln. Freiheit besteht wesentlich darin, dass wir uns nicht unmittelbar durch Neigungen bestimmen lassen. Das heißt nicht, dass Neigungen für unser Handeln irrelevant wären, sondern dass wir *selbst bestimmen* können, wann eine Neigung handlungswirksam wird bzw. wann wir sie *als Grund behandeln*. Genau dieser Vorgang ist zentral bei der Bildung einer Maxime: Wenn wir eine Neigung in eine Maxime ›aufnehmen‹ und damit handlungswirksam werden lassen, ist das ein Akt unserer Freiheit. Insofern menschliches Handeln also nicht einfach impulsiv unter der Herrschaft der Neigungen erfolgt, ist es ein freies Handeln nach Maximen.

Auf der anderen Seite legt Kant aber auch nahe, dass die Annahme von Maximen etwas Seltenes sein kann. Maximen machen unseren Charakter aus – und unser Charakter ist Kant zufolge etwas, das wir durch freie Wahl selbst erwerben. Kant erläutert in seiner *Anthropologie*, dass der Erwerb eines Charakters eine Seltenheit ist, die einer ›Revolution‹ gleichkommt und die selten vor dem 40. Geburtstag geschieht (vgl. VII: 294). Das bedeutet, dass Kant zumindest manche Maximen als wohldurchdachte und über längere Zeiträume hinweg bestehende, konstante Lebensregeln versteht, die nicht allem Handeln, sondern nur dem Handeln von Menschen mit Charakter zugrunde liegen.

In Kants eigener Biographie markiert der 40. Geburtstag eine krisenhafte Wende: Sein bis dahin engster Freund Johann Daniel Funk stirbt, und dies ließ ihn von gesellschaftlichen Zerstreuungen Abstand nehmen. Kurz darauf lernt er den englischen Kaufmann Joseph Green kennen, der ein streng geregeltes Leben führt. Kant findet in Green seinen neuen vertrautesten Freund und sieht in ihm auch ein Vorbild für den Lebenswandel nach Maximen. (Es heißt auch, er sei die *Kritik der reinen Vernunft* Satz für Satz mit Green durchgegangen.) Die Orientierung an Regeln kommt nicht zuletzt Kants angeschlagener Gesundheit entgegen – er leidet unter einer leichten Form von Wirbelsäulenverkrümmung sowie schwachen Muskeln und Nerven. Ein Verständnis dessen, was es heißt, nach Maximen zu handeln, ist also doppelt aufschlussreich, nämlich einerseits für ein Verständnis von Kants Ethik, andererseits für ein Verständnis von Kants persönlicher Entwicklung, so der Kant-Biograph Kühn.

## Der Verallgemeinerungstest

Der kategorische Imperativ fordert, unsere Maximen zu prüfen. Wenn ich mich frage, ob ich eine bestimmte Handlung vollziehen darf, muss ich mir erst einmal bewusst machen, welche allgemeine Handlungsregel ihr zugrunde liegt. Schon dieser erste Schritt ist manchmal gar nicht so einfach! Im Anschluss muss ich dann diese Maxime kritisch prüfen. Den Test besteht eine Maxime dann, wenn ich wollen kann, dass diese Maxime ein allgemeines Gesetz werde – wenn ich also wollen kann, dass jeder Mensch sich diese Maxime zum Handlungsprinzip macht (der sogenannte ›Verallgemeinerungstest‹).

Testen wir die oben genannte Beispielmaxime: Was wäre, wenn jeder in einer Notlage ein falsches Versprechen gäbe? Das würde nicht funktionieren – die Verallgemeinerung der Maxime führt zu einem Widerspruch, denn sie ist nicht einmal denkbar.

Es gibt (mindestens) zwei mögliche Lesarten, wie Kant sich den Widerspruch im Denken vorstellt.

1. Er legt nahe, dass die Verallgemeinerung zu einem begrifflichen Widerspruch führen würde: Wenn wir uns gegenseitig nicht mehr trauen, verschwindet die Möglichkeit, Versprechen zu geben, und damit verliert der Begriff des Versprechens seine Anwendung.
2. Kant scheint im Blick gehabt zu haben, dass wir einem praktischen Widerspruch aufsitzen, wenn wir die Maxime als Gesetz annehmen und gleichzeitig glauben, wir könnten mit unserem falschen Versprechen erfolgreich sein, d. h. den Zweck erreichen, den wir uns gesetzt haben.

Doch auch wenn die Verallgemeinerung einer Maxime *denkbar* ist, kann es sein, dass sie den Verallgemeinerungstest nicht besteht, weil wir die Maxime in Gesetzesform nicht *wollen* können. Ein Beispiel für eine solche Maxime ist der Grundsatz, anderen in Not nicht zu helfen. Kant meint, dass wir diese Maxime nicht als allgemeines Gesetz wollen können, da wir selbst auch einmal auf Hilfe angewiesen sein werden. Bei aller Betonung der Selbständigkeit und Autonomie (zu dem Begriff später mehr) ist sich Kant bewusst, dass wir unser Leben lang auf andere bezogen und von ihnen abhängig bleiben. Wenn wir also selbst Ziele erreichen wollen, müssen wir auch wollen, dass die nötigen Mittel zur Verfügung stehen – und dazu gehört eben gelegentlich auch die Unterstützung anderer Menschen.

Maximen, deren Verallgemeinerung wir nicht denken oder wollen können, bestehen den Test des kategorischen Imperativs nicht und sind deshalb moralisch verboten. Entsprechend sind die gegenteiligen Maximen – also wahrhaftige Versprechen zu geben und Menschen in Not zu helfen – geboten, sind also Pflicht.

Der Unterschied zwischen Maximen, deren Verallgemeinerung zu einem Widerspruch im Denken, und solchen, deren Verallgemeinerung zu einem Widerspruch im Wollen führt, liegt Kants Unterscheidung zwischen vollkommenen (bzw. engen) und unvollkommenen (bzw. weiten) Pflichten zugrunde, also solchen Pflichten, die ohne Ausnahme bestimmte Handlungen verbieten (z. B. lügenhafte Versprechen), und solchen, die bestimmte Zwecke vorschreiben (z. B. Menschen in Not zu helfen), dabei jedoch einen Spielraum lassen, welche Handlungen zur Erfüllung der Pflicht geeignet sind. Wenn man einer Person helfen möchte, ist immer Urteilskraft bei der

Friedrich Heinrich Bils, Kants Wohnhaus, 1842

Beantwortung der Frage gefordert, wie man dies am besten bewerkstelligt. Dem kategorischen Imperativ können wir nicht »blind« folgen, sondern brauchen einen klaren Blick für die besonderen Merkmale der jeweiligen Situation.

## Die ›Zweckformel‹

Die Gesetzesformel des kategorischen Imperativs trifft eine Grundidee von Moral, der viele zustimmen würden: Es ist unfair, für sich selbst ungerechtfertigte Ausnahmen zu machen. Anders gesagt: Verhaltensweisen, die man nicht auch anderen zugestehen würde, sind verboten.

Kant präsentiert noch zwei weitere Formulierungen des kategorischen Imperativs, die andere Aspekte moralischen Überlegens betonen. Die zweite Formulierung, die als ›Zweckformel‹ bekannt ist, lautet:

> Handle so, dass du die Menschheit sowohl in deiner Person, als in der Person eines jeden andern zugleich als Zweck, niemals bloß als Mittel brauchst. (IV: 429)

Eine Person als Mittel zu gebrauchen bedeutet, sie bzw. ihre Handlungen zur Erreichung der eigenen Zwecke zu gebrauchen. Daran ist nichts moralisch verwerflich, solange man die Person nicht bloß als Mittel, sondern auch als Zweck behandelt. Kant, der 1783 ein Haus gekauft hatte, das er aufwendig renovieren und umbauen ließ, schrieb 1784:

> [W]enn mir der Maurer dient / als Mittel zum Bau eines Hauses, so diene ich ihm wieder als Mittel um Geld zu erlangen. [...] Wenn ich mit einem Bedienten einen Kontrakt [einen Vertrag] mache, so muss er auch Zweck sein, als ich, und nicht bloß Mittel. Er muss es auch wollen. (XXVII: 1319)

Jemanden »zugleich als Zweck« zu behandeln, bedeutet also mindestens so viel wie: ihn als ein Wesen zu behandeln, das sich seine eigenen Zwecke setzt und daher als Zweck an sich selbst meine Art und Weise, mit ihm umzugehen, beschränkt.

Kant führt aus, wie diese Beschränkung aussehen könnte: Einen Menschen nicht als bloßes Mittel zu behandeln bedeutet, ihn so zu behandeln, dass er »in meine Art, gegen ihn zu verfahren, einstimmen« kann (IV: 430). Die Zustimmung der Person ist in vielen Fällen die Bedingung, unter der meine Art und Weise, sie zu behandeln, steht. (Einige Feinheiten können wir hier nicht diskutieren, ob etwa die tatsächliche oder nur die mögliche Zustimmung gemeint ist.) Im Fall des Maurers liefe eine Behandlung als Zweck an sich also mindestens auf eine angemessene Bezahlung hinaus.

Eine Besonderheit der zweiten Formulierung besteht in der Verwendung des Begriffs ›Menschheit‹. Damit meint Kant nicht das Kollektiv aller Menschen oder die Menschengattung. Vielmehr bezeichnet ›Menschheit‹ das, was Personen wesentlich ausmacht, und das sind laut Kant ihre rationalen, moralischen Fähigkeiten, die es ihnen erlauben, frei und selbständig Zwecke zu setzen. Personen sollen also dank ihrer rationalen Fähigkeiten als Zwecke an sich behandelt werden.

Noch etwas springt in der zweiten Formulierung des kategorischen Imperativs ins Auge: Du sollst nicht nur andere Personen auf bestimmte Weise behandeln, sondern auch dich selbst, also die »Menschheit [...] in deiner Person«. Ein charakteristischer Zug der kantischen Ethik besteht darin, dass wir nicht nur Pflichten ›gegen andere‹, sondern auch ›gegen uns selbst‹ haben. Diese Einbeziehung der eigenen Person ist nur konsequent: Ich soll alle Personen (aufgrund ihrer vernünftigen, moralischen Fähigkeiten) auf eine bestimmte Weise behandeln. Da ich auch eine Person bin, gilt das natürlich auch für die Behandlung meiner selbst.

Man kann darüber streiten, ob Kant die Pflichten gegen sich selbst inhaltlich überzeugend charakterisiert hat. Besonders problematisch ist das Verbot der Selbsttötung. Doch gibt Kant auch ein ausgesprochen einleuchtendes Beispiel: Wir schulden uns selbst die Unterlassung von »Kriecherei« (VI: 434): Wir sollen uns nicht in Knechtschaft begeben, sondern für unsere Rechte einstehen:

> Wer sich aber zum Wurm macht, kann nachher nicht klagen, dass er mit Füßen getreten wird. (VI: 437)

## Die ›Autonomieformel‹

Die dritte Form, in der Kant den kategorischen Imperativ vorstellt, wird oft die ›Autonomieformel‹ genannt. Kant charakterisiert das »dritte praktische Prinzip des Willens« als »die Idee des Willens jedes vernünftigen Wesens als eines allgemein gesetzgebenden Willens« (IV: 431). Damit kommen wir zu dem für Kants Ethik zentralen Begriff der Selbstgesetzgebung, der Autonomie (gr. *autonomía*, ›Eigengesetzlichkeit‹, von *autós* ›selbst‹ und *nómos* ›Gesetz‹).

Kants Inspirationsquelle für den Begriff der Autonomie ist Jean-Jaques Rousseau. (Dessen Einfluss auf Kants Ethik, dem wir hier nicht weiter nachgehen können, ist ohnehin kaum zu überschätzen. Wie Kants Zeitgenossen berichten, ist ein Porträt von Rousseau das einzige Bild, das den Platz über Kants Schreibtisch in seinem ansonsten schmucklosen Arbeitszimmer ziert.)

Rousseau geht in seinem Werk *Du Contrat social* (*Vom Gesellschaftsvertrag*, 1762) einer fundamentalen Spannung des Zusammenlebens auf den Grund: Wie ist es möglich, dass Mitglieder einer Gesellschaft sich einerseits nach Gesetzen richten, die ihr Zusammenleben regeln, aber andererseits auch freie Individuen bleiben – sonst wäre die Gesellschaftsorganisation nicht legitim? Als Lösung präsentiert er die These, dass

Freiheit im Gehorsam gegenüber einem Gesetz besteht, das man sich selbst gegeben hat. Das ist der Gedanke der politischen Autonomie: Mitglieder einer Gesellschaft sind dann frei, wenn sie sich als Urheber der Gesetze verstehen können. Laut Rousseau erfordert dies eine demokratische Form der Gesetzgebung. Die selbstgegebenen Gesetze, die Rousseau meint, sind also politische Gesetze.

Kants originelle Idee besteht darin, diese Konzeption des Sozialvertrags auf die Moral zu übertragen: In der Moral gilt das ›Prinzip der Autonomie‹, dass der Mensch »nur seiner eigenen und dennoch allgemeinen Gesetzgebung unterworfen sei« (IV: 432). Demnach müssen solche Maximen verworfen werden, die mit der »eigenen allgemeinen Gesetzgebung des Willens nicht zusammen bestehen können« (IV: 431). Wir sollen uns als Teil einer moralischen *Gemeinschaft* (eines ›Reichs der Zwecke‹) verstehen, die sich selbst Gesetze gibt.

Mit dem Begriff der Autonomie ist der Begriff der *Würde* eng verknüpft. Da Menschen als moralische Wesen autonom sind, sind Würde und Moralität unzertrennlich: »Sittlichkeit und die Menschheit, sofern sie derselben fähig ist, [ist] dasjenige, was allein Würde hat.« (IV: 435)

Das war in Preußen 1785 geradezu revolutionär: Alle Menschen haben gleiche Würde, allein aus dem Grund, weil sie moralische Wesen sind. Als Sohn eines Riemermeisters und Zunftmitglieds hatte Kant erfahren, wie wichtig Ehre im gesellschaftlichen Umgang ist. Doch in moralischer Hinsicht, so seine starke These, spielt etwa die Zugehörigkeit zu verschiedenen Ständen keine Rolle.

So bahnbrechend diese Idee ist, so hat sie auch problematische Konsequenzen: Menschen mit kognitiven Beeinträchtigungen, mit Demenz im fortgeschrittenen Stadium oder im Koma sowie nichtmenschliche Tiere sind nicht in demselben Maße moralfähig. Doch haben sie allein schon aus diesem Grund keine Würde, sind sie etwa »Sachen« (IV: 428)? Oder hat Kant die Grenzen seiner Ethik selbst enger gefasst, als es seine wichtigsten Grundüberzeugungen erfordern? Die engagierte Debatte um diese Frage zeigt, dass Kants Ethik auch in solchen Punkten, die über 200 Jahre unhinterfragt blieben, noch offen für Interpretation ist.

## Autonomie und Freiheit

Kants gewichtige These über den Zusammenhang von Selbstgesetzgebung und Freiheit hat zwei Teile:

Zum einen sind wir an moralische Gesetze gebunden, weil wir frei sind.

Zum anderen sind wir frei, weil wir moralischen Gesetzen gehorchen können.

Warum diese wechselseitige Abhängigkeit?

Die Begründung dafür, dass moralische Gesetze nur dann für uns gelten, wenn wir frei sind, hatten wir bereits im ersten Kapitel kennengelernt. Da Sollen entsprechendes Können voraussetzt, setzt ein *unbedingtes* Sollen – wie es der kategorische Imperativ formuliert – voraus, dass wir unabhängig von allen natürlichen Bestimmungen handeln können, und das heißt: dass wir frei sind.

Doch dass wir nur dann frei sind, wenn das moralische Gesetz für uns gilt, erscheint auf den ersten Blick paradox. Zumindest im Alltag empfinden wir Gesetze und Regeln oft als *Einschränkung* unserer individuellen Freiheit, zu tun oder zu lassen, was wir wollen. Es lohnt sich jedoch, Kants Alternative zu diesem gängigen Freiheitsverständnis genauer in Augenschein zu nehmen.

Nähern wir uns Kants Position an, indem wir uns vor Augen führen, dass die negative Charakterisierung von Freiheit (als Unabhängigkeit von Naturkausalität) nicht das letzte Wort sein kann: Wenn eine freie Entscheidung nur dadurch ausgezeichnet wäre, dass sie nicht von Neigungen bestimmt ist, könnte sie sich dem reinen Zufall verdanken. Doch eine zufällige Entscheidung wäre nicht meine Entscheidung, denn sie hätte ihre Quelle nicht in mir.

Wir stehen also vor einem Dilemma: Entweder sind unsere Entscheidungen durch natürliche Ursachen wie Neigungen bestimmt. Oder sie sind bloß zufällig. Kants Ausweg lautet: Freiheit ist Bestimmbarkeit durch ein Gesetz, das wir als das eigene Gesetz anerkennen. Das Moralgesetz ist das gesuchte Gesetz, denn es gilt unabhängig von empirischen Bedingungen. Es ist in reiner Vernunft gegründet, weil die eigene Vernunft nichts anderes als die gesetzmäßige Form der Maximen vorschreibt. Damit garantiert sie einerseits die Unabhängigkeit von Neigungen und liefert andererseits ein positives Entscheidungskriterium, das dem Willen nicht ›von außen‹ durch eine andere Autorität vorgegeben wird. Deshalb macht das Moralgesetz die positive Seite der Freiheit aus: Wir sind nicht nur frei von natürlichen Ursachen, sondern frei zu moralischen Entscheidungen.

Das ist eine bedenkenswerte Alternative zur ›Freiheit, zu tun oder zu lassen, was man will‹: Kants Gedankengang führt vor Augen, dass eine freie Entscheidung ein Kriterium braucht, das man als das eigene Kriterium akzeptiert – und zwar auch dauerhaft, sonst wäre Freiheit letztlich nur Launenhaftigkeit.

## Einwand I: leerer Formalismus

Kants Konzeption des kategorischen Imperativs hat von Anfang an gleichermaßen sowohl zu Kritik herausgefordert als auch Weiterentwicklungen inspiriert. Kants berühmtester Kritiker, Georg Wilhelm Friedrich Hegel, kritisiert den kategorischen Imperativ als ›leeren Formalismus‹: Kant habe nicht erkannt, dass die Ethik eine Gemeinschaft mit geteilten Überzeugungen über das Gute und entsprechende Praktiken (das nennt Hegel ›Sittlichkeit‹) voraussetzen muss.

Anstatt Hegels Kritik im Detail zu diskutieren, möchte ich seinen nachdrücklichen Hinweis auf die Relevanz einer inhaltlichen Füllung des Moralprinzips zum Anlass nehmen, um einen Seitenblick auf die *Metaphysik der Sitten* (1797) zu werfen, in der Kant sein System der Pflichten ausbuchstabiert.

Dort finden wir zunächst einmal die grundlegende Unterscheidung zwischen Rechts- und Tugendpflichten, die sich unter anderem dadurch ergibt, dass Rechtspflichten durch ›äußeren Zwang‹ (z. B. Androhung von Sanktionen) erzwingbar sind, während die Befolgung der Tugendpflichten nicht von außen erzwungen werden kann, sondern den ›inneren Zwang‹, die Einsicht der Person, voraussetzt. Anders gesagt: Tugendhaft ist nur die Person, die aus gutem Willen handelt; im Recht kommt es auf die Motivation nicht an. Konzentrieren wir uns im Folgenden auf die Tugendpflichten, die sich laut Kant direkt aus dem kategorischen Imperativ ergeben. Deutlich wird, dass Kant bei der Anwendung des kategorischen Imperativs Inhalte voraussetzt. Dabei handelt es sich allerdings nicht um geteilte Überzeugungen der moralischen Gemeinschaft, sondern um Annahmen über die menschliche Natur: »[E]ine Metaphysik der Sitten kann nicht auf Anthropologie gegründet, aber doch auf sie angewandt werden« (VI: 217).

Um nur einige Beispiele zu nennen: Die Tatsache, dass Menschen bestimmte Gefühle haben, führt zu entsprechenden Pflichten (wie: sein Gewissen zu entwickeln, sich gegenseitig seine Gefühle mitzuteilen und Mitgefühl zu kultivieren). Die Tatsache, dass Menschen einen Körper haben, führt zu bestimmten Pflichten in Bezug auf den eigenen Körper (Selbsterhaltung, aber auch zu dem Verbot, Körperteile zu verkaufen oder beim Essen und Trinken maßzuhalten). Sicherlich lässt sich fragen, ob Kants Ableitung der konkreten Pflichten überzeugen kann – kurios mutet heute das Verbot der ›wohllüstigen Selbstschändung‹ (mit anderen Worten: der Selbstbefriedigung) an. Aber mir kommt es an dieser Stelle darauf an, dass Kant unsere ethischen Pflichten nicht aus dem Nichts zaubert, wie er es laut Hegel ohne Erfolg versucht, sondern durch Anwendung eines – in der Tat formalen – Verfahrens auf die menschliche Situation.

Kants Moralphilosophie gewinnt durch die *Metaphysik der Sitten* entscheidend an Kontur. Wer sich für die konkreten Ausgestaltungen der moralischen Praxis nach Kant interessiert, wird hier mitunter eher fündig als in der *Grundlegung* oder der zweiten *Kritik*.

## Einwand II: Rigorismus

Einem weiteren Einwand sieht sich die kantische Ethik seit ihren Anfängen ausgesetzt: Moralische Verbote, die keine Ausnahmen zulassen, seien zu rigoristisch, d. h., sie werden der Komplexität menschlicher Handlungssituationen nicht gerecht. Dieser Vorwurf wird üblicherweise am Beispiel des kantischen Lügenverbots diskutiert, das Benjamin Constant bereits 1797 attackiert hatte.

Kant verneint in seinem Aufsatz *Über ein vermeintes Recht, aus Menschenliebe zu lügen* (1797), dass es ein Recht auf eine ›Notlüge‹ gibt – selbst dann nicht, wenn es um Leib und Leben eines Freundes geht, den man bei sich versteckt hält. Klopft der Mörder an die Tür und fragt, ob sich der Freund im Haus befinde, hat man ehrlich zu antworten.

Diese Schlussfolgerung können selbst Kants größte Fans nicht mittragen. Und sie wirft – zumindest auf den ersten Blick – ein schlechtes Licht auf Kants Ethik: Unter der Voraussetzung, dass diese Ethik solche abstoßenden Forderungen enthält, können wir sie nicht akzeptieren.

Doch es gibt eine Reihe von Versuchen ›mit Kant gegen Kant‹ zu zeigen, dass Kants Ethik nicht fordert, eine Lüge um jeden Preis zu verbieten. Oft wird übersehen, dass Kant selbst die möglichen Folgen der Lüge diskutiert und zu dem Schluss kommt, die Folgen seien zu unsicher, um mit Verweis darauf die Lüge zu rechtfertigen: Der Freund könnte in der Zwischenzeit durch die Hintertür entwischt sein, sodass durch die Lüge der Mörder ein leichteres Spiel haben würde. An dieser Überlegung wird ersichtlich, dass Kant das Ziel der Rettung des Freundes ernst nimmt – dass die Uneinigkeit womöglich vor allem hinsichtlich der Frage besteht, wie wahrscheinlich die Rettung des Freundes durch die Lüge ist.

Gehen wir (anders als Kant) davon aus, dass die Folge der Lüge mit großer Sicherheit in der Rettung des Freundes bestehen würde, können wir dies in der Formulierung der Maxime berücksichtigen, die wir zu testen haben. Die Situation, in der wir handeln sollen, ist wesentlich dadurch gekennzeichnet, dass wir einer Person, also: dem Mörder, gegenüberstehen, der selbst höchst unmoralische Zwecke verfolgt und gewillt ist, auch uns zu täuschen. Wenn wir unsere Maxime entsprechend formulieren (»Ich lüge, wenn dies einen Mörder davon abhält, meinen Freund zu töten«), sieht es ganz so aus, als könnten wir einem Widerspruch im Denken oder Wollen entgehen, sodass die Notlüge nicht mehr verboten wäre.

### Das Fortleben des kategorischen Imperativs

Von den zahlreichen Denker:innen, die sich durch Kants Ethik haben inspirieren lassen, sind John Rawls und Jürgen Habermas besonders einflussreich. Sie liefern zwei eindrückliche Beispiele dafür, wie Kants Ethik durch Aneignung bestimmter Aspekte und Vernachlässigung anderer in zeitgenössischen Theorien der Moral und Politik weiterlebt.

Rawls' epochemachendes Werk *Theory of Justice* (1971) überträgt Kants ethische Grundideen in die politische Sphäre. Die beiden Gerechtigkeitsgrundsätze, die die Sicherung gleicher Grundfreiheiten und Bedingungen für gerechtfertigte Ungleichheiten formulieren, sieht Rawls als Konkretisierung der Zweckformel des kategorischen Imperativs:

> Die Menschen im Rahmen des Grundplans der Gesellschaft als Zweck an sich selbst behandeln heißt auf solche Vorteile verzichten, die nicht jedermanns Aussichten verbessern.
> (Rawls 1979, 206)

Rawls' zentrales Argument beruht auf der Idee eines fiktiven Urzustands, der durch den ›Schleier des Nichtwissens‹ gekennzeichnet ist: Personen werden so vorgestellt, als wüssten sie nichts über ihre konkreten gesellschaftlichen und natürlichen Umstände. Die Gesetze, auf die sie sich in dieser Situation einigen, wären solche, denen alle als freie und gleiche Vernunftwesen zustimmen können – die Gesetze hätten damit universelle Gültigkeit. Rawls versteht die Idee dieses Urzustands als »eine verfahrensmäßige Deutung von Kants Begriff der Autonomie und des kategorischen Imperativs im Rahmen einer empirischen Theorie« (Rawls 1979, 289).

Auch Jürgen Habermas knüpft an Kant an, indem er dessen formales Moralprinzip sozial interpretiert. Nach Kant muss eine Maxime zwar für alle Vernunftwesen zustimmungsfähig sein, doch wird diese Zustimmung in einem inneren Monolog ermittelt. Dagegen legt Habermas in seiner Diskursethik Wert darauf, dass sich eine moralische Gemeinschaft tatsächlich in einem offenen und gemeinsam geführten Diskurs, der bestimmten Bedingungen gehorchen muss, auf Normen einigen kann.

## 4. Das Schöne und Erhabene, das Lebendige und die Brücke zwischen Natur und Freiheit

»Hiemit endige ich also mein ganzes kritisches Geschäft« (V: 170). Diese Worte zeigen, dass die *Kritik der Urteilskraft* eine wichtige Aufgabe für Kants gesamtes philosophisches System erfüllt: Sie setzt einen Schlusspunkt unter das Unternehmen, die menschlichen Vermögen einer Kritik zu unterziehen.

Erinnern wir uns: Ein Vermögen zu kritisieren bedeutet, seine Reichweite und Grenzen zu bestimmen und insbesondere zu fragen, ob es »auch für sich Prinzipien a priori habe« (V: 168). Nachdem Kant für die Sinnlichkeit die Anschauungsformen a priori, für den Verstand die Verstandesbegriffe a priori und für die Vernunft das Moralprinzip a priori gefunden hatte, nimmt er sich (seinerseits in fortgeschrittenem Alter) mit der Urteilskraft das letzte der menschlichen Vermögen vor. In einem Brief an Carl Leonhard Reinhold, einen wichtigen Aufklärer und Wegbereiter der kantischen Philosophie, äußert er sich 1787 geradezu entzückt: Er habe Prinzipien a priori der Urteilskraft gefunden, obgleich er es bis dahin

»für unmöglich hielt, dergleichen zu finden« (X: 514). Eine Entdeckung also, die Kant selbst überrascht!

Die *Kritik der Urteilskraft* ist ein faszinierendes und ungeheuer komplexes Werk, das von Johann Wolfgang von Goethe bis Hannah Arendt unterschiedlichste Denker und Denkerinnen inspiriert hat. Sie verfolgt drei Ziele, die – zumindest auf den ersten Blick – kaum unterschiedlicher sein könnten:

1. Kant entwirft eine ästhetische Theorie – und diese in zweifacher Hinsicht, nämlich als eine Theorie über das Schöne und das Erhabene.
2. Er liefert eine Theorie über das Lebendige und leistet damit einen Beitrag zur Forschungslogik der Biologie.

Entsprechend diesen beiden Zielen zerfällt die *Kritik der Urteilskraft* in zwei Teile, nämlich in die *Kritik der ästhetischen Urteilskraft* und die *Kritik der teleologischen Urteilskraft*.

Es kommt jedoch noch ein drittes, übergeordnetes Ziel hinzu, das von entscheidender Bedeutung für Kants Anspruch ist, ein philosophisches *System* zu entwerfen:

3. Die *Kritik der Urteilskraft* soll die Verbindung zwischen Natur und Freiheit deutlich machen und damit eine »unübersehbare Kluft« (V: 175) schließen. Die Kluft zwischen Natur und Freiheit besteht darin, dass es sich um zwei verschiedene Welten zu handeln scheint, zwischen denen keine Wechselwirkung besteht. Doch wäre das fatal, denn das Moralgesetz schreibt uns ein Sollen vor, das schließlich in der Welt der Erscheinungen verwirklicht werden muss. Daher müssen wir erklären, wie moralische, freie Handlungen einen Einfluss auf die natürliche Welt haben können.

Die dritte *Kritik* behandelt also Fragen wie: Was ist schön? Wie können wir Organismen verstehen? Ist die Welt so beschaffen, dass sie unseren moralischen Bemühungen entgegenkommt? Es macht einen der faszinierendsten Züge der *Kritik der Urteilskraft* aus, dass es Kant gelingt, einen Zusammenhang dieser Fragen und ihrer Antworten zu entfalten. Dieser Zusammenhang wird durch den Begriff der Zweckmäßigkeit gestiftet. Und da es die Urteilskraft ist, die den Begriff der Zweckmäßigkeit mit ins Spiel bringt, stellt auch sie das Vermögen dar, auf das es für alle drei Ziele ankommt.

## Varianten der Urteilskraft

Die Urteilskraft ist für Kant das Vermögen, das Besondere und das Allgemeine in Beziehung zueinander zu setzen, bzw. »das Vermögen, das Besondere als enthalten unter dem Allgemeinen zu denken« (V: 179). Er unterscheidet zwei Ausprägungen dieses Vermögens:

1. Die b e s t i m m e n d e Urteilskraft ordnet das Besondere einem gegebenen Allgemeinen (einem Begriff, einem Prinzip oder Gesetz) unter. Dieser Prozess ist zentral für die Möglichkeit, Erfahrung zu machen bzw. Erkenntnis zu erwerben: Die bestimmende Urteilskraft ordnet das Mannigfaltige der Sinnlichkeit (also die Anschauung) unter die allgemeinen Begriffe und Grundsätze des Verstandes. Die bestimmende Urteilskraft übernimmt die allgemeinen Ordnungsmuster des Verstandes, und zwar sowohl Kategorien (z. B. die Ordnung in Ursache-Wirkungs-Zusammenhänge) als auch empirische Begriffe (wie ›Stein‹ oder ›Tisch‹).

2. Im Gegensatz dazu entwirft die reflektierende Urteilskraft zu einem gegebenen Besonderen das Allgemeine. Sie lässt sich vom Verstand das Allgemeine nicht vorschreiben. Und das interessiert Kant besonders, denn erst dann kommt die Eigenleistung der Urteilskraft auch wirklich zur Geltung: Dass die Urteilskraft ein Allgemeines ›findet‹, das nicht durch ein anderes Vermögen gegeben ist, bedeutet, dass sie durch ihr eigenes Prinzip a priori geleitet wird.

## Zweckmäßigkeit als Prinzip der Urteilskraft

Welches ist nun das Prinzip der reflektierenden Urteilskraft? Es ist das Prinzip der Zweckmäßigkeit.

Doch kann der Begriff der Zweckmäßigkeit leicht zu Missverständnissen führen. Denn im modernen, alltäglichen Gebrauch verbinden wir mit der Zweckmäßigkeit eines Gegenstandes die Idee, er sei nützlich für einen bestimmten Zweck oder er sei absichtlich zu einem bestimmten Zweck hervorgebracht worden.

Doch im 18. Jahrhundert hat der Begriff der Zweckmäßigkeit auch eine weitere Bedeutung: Er bezeichnet eine Weise des Zusammenstimmens von Teilen zu einem einheitlichen Ganzen, steht also dem Begriff der Harmonie nahe. Kant verwendet den Begriff der Zweckmäßigkeit auch (wenn auch nicht nur) in dieser weiteren Bedeutung. In der Ästhetik und der Naturteleologie entfaltet er auf unterschiedliche Weise den Gedanken, dass die Natur und unsere Erkenntnisvermögen ›zueinander passen‹.

Auf dem Gebiet der Ästhetik wird Kants Talent zur Versöhnung scheinbar unversöhnlicher Positionen erneut offenbar, und zwar hinsichtlich der Frage nach Objektivität und Subjektivität von Schönheit: Liegt Schönheit ›im Auge des Betrachters‹ (und ist also subjektiv)? Oder handelt es sich um eine Eigenschaft des Gegenstandes (und ist also objektiv)?

Lange hatte die Objektivität der Schönheit prominente Fürsprecher: So verortet Platon die Schönheit selbst im Reich der Ideen und erklärt die Schönheit von Gegenständen durch Teilhabe an dieser Idee. In der italienischen Renaissance wurde Schönheit mit perfekter Proportion assoziiert. Doch spätestens seit dem 18. Jahrhundert findet sich vermehrt die Auffassung, dass Schönheit wesentlich damit zu tun hat, dass das betrachtende Subjekt den Gegenstand als schön sieht: Ein Gegenstand sei nur deshalb schön, weil ein Subjekt bei seiner Vorstellung ein Gefühl der Lust empfinde. Damit scheint aber dem Subjektivismus Tür und Tor geöffnet worden zu sein: Wenn Schönheit im Auge des Betrachters liegt, dann können verschiedene Personen berechtigterweise zu ganz unterschiedlichen Auffassungen darüber gelangen, ob etwas schön ist oder nicht.

Auf welche Weise vermittelt Kant zwischen der objektivistischen und der subjektivistischen Position? Einerseits unterscheidet er Urteile über das Schöne (die er ›Geschmacksurteile‹ nennt) scharf von Urteilen, die auf die Erkenntnis eines Objekts abzielen. Das ist ihm wichtig genug, um die *Kritik der ästhetischen Urteilskraft* mit dieser These zu eröffnen:

> Um zu unterscheiden, ob etwas schön sei oder nicht, beziehen wir die Vorstellung nicht [...] auf das Objekt zum Erkenntnisse, sondern [...] auf das Subjekt und das Gefühl der Lust und Unlust desselben. (V: 203)

Doch andererseits führt er auch aus, dass Urteile über Schönheit Allgemeingültigkeit beanspruchen: Wenn ich einen Gegenstand als schön beurteile, dann beanspruche ich, dass jeder mein Urteil teilt.

Wie können also diese beiden Ansichten über Schönheit (zum einen geht es um das Subjekt und sein Gefühl, zum anderen haben Urteile über Schönheit Allgemeinheitsanspruch) zusammen bestehen?

Zentral für Kants Theorie der Schönheit ist die Idee der Interesselosigkeit. Dass ein Urteil über Schönheit Interesselosigkeit voraussetzt, unterscheidet es laut Kant nicht nur von einem Urteil über das Angenehme, sondern auch von einem Urteil über das moralisch Gute, die beide in enger Beziehung zum Interesse stehen: Das Urteil, etwas sei angenehm, gründet sich auf ein Interesse, während das Urteil, etwas sei moralisch gut, ein Interesse hervorruft.

Anders ist es beim Urteil, der Gegenstand sei schön. Kant illustriert dies am Beispiel eines Palastes: Das Urteil, der Palast sei schön, ist unabhängig von der Frage, ob ich ihn mir wünsche oder nicht, oder von der Frage, ob ich Paläste als Ausdruck einer bestimmten Gesellschaftsordnung moralisch anstößig finde oder nicht:

> Nun will man aber, wenn die Frage ist, ob etwas schön sei, [...] nur wissen, ob die bloße Vorstellung des Gegenstan-

> des in mir mit Wohlgefallen geleitet sei, so gleichgültig ich auch immer in Ansehung der Existenz des Gegenstandes dieser Vorstellung sein mag. Man sieht leicht, dass es auf das, was ich aus dieser Vorstellung in mir selbst mache […] ankomme, um zu sagen, er sei schön […]. (V: 204 f.)

Aufgrund dieser Interesselosigkeit hat unser Wohlgefallen am Schönen einen engen Bezug zur Freiheit: Es handelt sich um ein »freies Wohlgefallen« (V: 210): Wir hängen nicht mit irgendeinem Bedürfnis an den Gegenständen, die wir schön finden. Die Haltung, in der Schönheit erfahrbar wird, ist die des reinen Betrachtens, der Kontemplation. In der ästhetischen Betrachtung widmen wir uns den Dingen um ihrer selbst willen.

Die Interesselosigkeit ist der Schlüssel zu der Idee, dass ein Schönheitsurteil beansprucht, von allen geteilt zu werden. Zwar gründet das Urteil auf dem Wohlgefallen des Subjekts (und ist insofern also subjektiv). Doch ist dieses Wohlgefallen interesselos und daher nicht abhängig von bestimmten, individuellen Eigenschaften des Subjekts. Und das bedeutet: Wenn ich mir bewusst bin, dass mein Wohlgefallen am Gegenstand nicht durch ein Interesse zustande kommt, das mich von anderen Menschen unterscheidet, muss ich »glauben, Grund zu haben, jedermann ein ähnliches Wohlgefallen zuzumuten« (V: 211).

Doch worin begründet sich die ›Zumutung‹ der Allgemeinheit des Geschmacksurteils? Der Dreh- und Angelpunkt liegt in Kants Antwort auf die Frage, wie die Lust an der Vorstellung des Gegenstands zustande kommt, den wir ›schön‹ nennen.

Die Lust beruht Kant zufolge auf der »Harmonie der Erkenntnisvermögen« (V: 218): Verstand und Einbildungskraft werden durch die Vorstellung des Gegenstandes zu einer Tätigkeit angeregt, die Lust verschafft. Kant nennt diese Tätigkeit metaphorisch das ›freie Spiel‹ der Erkenntniskräfte (vgl. V: 217). Die Freiheit des Spiels besteht nun darin, dass Verstand und Einbildungskraft von der Aufgabe entlastet sind, Erkenntnis zu erzeugen. Erkenntnis käme dadurch zustande, dass die Einbildungskraft die sinnlich gegebenen Anschauungen unter die allgemeinen Begriffe des Verstandes unterordnet (in diesem Fall wäre die Urteilskraft bestimmend, verwendet sie doch das gegebene Allgemeine des Verstandes). Im freien Spiel wird das sinnlich Gegebene dagegen nicht begrifflich bestimmt.

Trotzdem lässt sich die Tätigkeit von Einbildungskraft und Verstand als eine Art Vorstufe zum Erkenntnisgewinn bezeichnen: Begriffe werden für die gegebene Anschauung in einer spielerischen Bewegung gesucht, aber nicht gefunden.

Verstand und Einbildungskraft sind damit auf eine Weise beschäftigt, die ihnen deutlich macht, wie gut sie zusammenarbeiten – sie erfahren ihre Zweckmäßigkeit füreinander. Ihr harmonischer Tanz ist mit Lust verbunden, mit einer Belebung unseres Lebensgefühls (vgl. V: 204). Da also die Lust auf einer Tätigkeit von Erkenntniskräften gründet, die bei allen Subjekten gleich ist, »glaubt man eine allgemeine Stimme für sich zu haben« (V: 216), wenn man einen Gegenstand ›schön‹ nennt. Diese allgemeine Stimme nennt Kant den Gemeinsinn (*sensus communis*).

Welche Gegenstände sind in der Lage, das freie Spiel zu initiieren bzw. welche Dinge beurteilen wir als schön? Da sind zunächst einmal Naturgegenstände: Die »bis zur Üppigkeit verschwenderische Natur« (V: 243) lässt das Spiel unserer Einbildungskraft nie müde werden.

Doch wie können auch menschengemachte Artefakte schön sein, obwohl sie nach Regeln geschaffen werden? Wie können sie Raum für ›freies Spiel‹ lassen? Dies erklärt Kants Theorie des Genies, die die Romantik stark beeinflussen sollte: »Genie ist das Talent (Naturgabe), welches der Kunst die Regel gibt« (V: 307). Kant formuliert damit eine Gegenposition zu Joseph Beuys' Diktum, jeder Mensch sei ein Künstler. Nur durch das Genie ist die Natur selbst in der Lage, der Kunst eine Regel zu geben, die sie nicht auf Begriffe festlegt und somit das freie Spiel ermöglicht. Niemand kann lernen, ein Genie zu sein, das Talent ist angeboren.

## Schönheit und Freiheit

Schönheit und Freiheit gehen bei Kant ein enges Verhältnis miteinander ein:

Zum einen beruhen Urteile über das Schöne auf einem Wohlgefallen, das frei von Interesse ist. Zum anderen ist das Schönheitsurteil durch eine freie Aktivität unserer Erkenntniskräfte charakterisiert: Im freien Spiel vergnügen sich Verstand und Einbildungskraft frei von begrifflichen Zwängen – frei von ihrer Aufgabe, Erkenntnis zu erzeugen.

Kant bringt den engen Bezug zwischen Geschmacksurteil und Freiheit bzw. Moral auf die Formel: »[D]as Schöne ist das Symbol des Sittlich-Guten« (V: 353). Was unter einem Symbol zu verstehen ist, erläutert er an seinem berühmten Beispiel von einer Handmühle, die als Symbol für einen absolutistischen Staat dienen könne: Zwischen »einem despotischen

Staate und einer Handmühle ist zwar keine Ähnlichkeit, wohl aber zwischen den Regeln, über beide und ihre Kausalität zu reflektieren« (V: 352). Die Symbolbeziehung besteht damit zum einen in der Ähnlichkeit in den Weisen, über etwas zu reflektieren, und zum anderen ist das Symbol eine »Versinnlichung« (V: 351) von etwas, das sonst nur begrifflich darstellbar ist.

Die Ähnlichkeit von Schönem und moralisch Gutem in der Reflexion liegt darin, dass sich Urteilskraft und Vernunft bei ihren Urteilen ähnlich verhalten: Sie geben sich beide selbst das Gesetz, sind also autonom. Die Urteilskraft »gibt in Ansehung der Gegenstände eines so reinen Wohlgefallens ihr selbst das Gesetz, so wie die Vernunft es in Ansehung des Begehrungsvermögens tut« (V: 353, H. v. m.).

Und worin besteht die ›Versinnlichung‹, derer das Schöne als Symbol fähig ist? Das Schöne gibt eine sinnliche Darstellung der Vernunftidee der Freiheit. Als Vernunftidee findet die Freiheit keine direkte Entsprechung in der Anschauung. Doch über die ästhetische Betrachtung wird immerhin ein Bezug zwischen Freiheit und Anschauung hergestellt, denn wir reflektieren über die Anschauung (also unter Einbezug der Sinnlichkeit), aber auf eine freie Weise: Wir betrachten den Gegenstand mit freiem Wohlgefallen, wobei unsere Erkenntniskräfte in freiem Spiel tätig sind. Wir erleben also in der ästhetischen Beurteilung im Medium der Anschaulichkeit und gefühlsmäßig die Freiheit, deren Begriff in der Moral vorausgesetzt wird.

# Das Erhabene

Das Panorama unbezwingbarer Bergmassive oder der Blick auf die scheinbar unendliche Weite des Ozeans können in uns zwiespältige Gefühle hervorrufen: Einerseits fühlen wir uns klein und machtlos, andererseits können wir das Erlebnis genießen, wenn wir uns in sicherer Distanz befinden, können die Erhabenheit genießen. Mit der Theorie des Erhabenen halten auch negative Gefühle Einzug in Kants Ästhetik. Das Gefühl der Überwältigung, die die Erfahrung des Erhabenen kennzeichnet, ermöglicht uns letztlich auch einen Zugang zu unserer Freiheit.

Das Schöne wird bereits in der Antike vom Erhabenen unterschieden. Kant bietet einen originellen Zugang zum Erhabenen, indem er auch hier eine ›Revolution der Denkungsart‹ anwendet und fragt: Welche erfahrungsunabhängigen Bedingungen bringen wir mit, die uns Urteile über das Erhabene fällen lassen? War es im Fall der Schönheit das zweckmäßige Verhältnis von Einbildungskraft und Verstand, so ist es im Fall des Erhabenen das zweckmäßige Verhältnis von Einbildungskraft und Vernunft.

Als ästhetisches Urteil ist das Urteil über das Erhabene (wie das Schönheitsurteil) durch Interesselosigkeit sowie dadurch gekennzeichnet, dass es keinen Anspruch auf Erkenntnis erhebt. Der wesentliche Unterschied zum Schönheitsurteil besteht darin, dass die Erfahrung des Erhabenen durch ein gemischtes Gefühl aus sowohl Lust als auch Unlust charakterisiert wird. Kant zieht eine Parallele zum moralischen Gefühl der Achtung: Auch die Achtung ist, wie wir sahen, ein zwiespältiges Gefühl, das sowohl ›Demütigung‹ als auch ›Erhebung‹ umfasst.

Kants Diagnose lautet: Das Erhabene überfordert unsere Einbildungskraft. Das kann auf zwei Weisen der Fall sein, da es, so Kant, zwei Arten des Erhabenen gibt:

1. Im Fall des Mathematisch-Erhabenen gelingt es der Einbildungskraft nicht, die vielfältigen sinnlichen Eindrücke zu einer Vorstellung zusammenzufassen: Der Ozean ist schlicht zu groß, um ihn ganz zu begreifen. Allerdings gibt es auch eine Quelle der Lust: Durch die Überforderung der Einbildungskraft wird die »Idee der Unendlichkeit« (V: 255) und damit die Vernunft wachgerufen.

2. Auch beim Dynamisch-Erhabenen erleben wir einerseits das Scheitern der Einbildungskraft und andererseits die Belebung der Vernunft und deshalb einen schnellen Wechsel zwischen Unlust und Lust. Die Erfahrung der Machtlosigkeit angesichts von Naturgewalten erzeugt Unlust. Doch wir werden gleichzeitig dazu angeregt, uns einer »Kraft (die nicht Natur ist)« (V: 262) bewusst zu werden, die uns sogar »Überlegenheit über die Natur« (V: 261) verleiht. Diese andere Kraft ist unser moralisches Vermögen: Es ist gerade die Freiheit, die den Menschen von der Naturordnung unabhängig macht. So schlägt Kant auch mit seiner Theorie des Erhabenen eine Brücke zu Moral und Freiheit.

## Die teleologische Urteilskraft und das Lebendige

Von der Ästhetik zur Biologie: Dieser enorme Sprung gelingt Kant mithilfe der Idee der Zweckmäßigkeit. In der Ästhetik geht es ihm um subjektive Zweckmäßigkeit, um eine

Zweckmäßigkeit der Erkenntniskräfte des Subjekts, die Grundlage für das Gefühl der Lust und Unlust ist. Die Fragen der Zweckmäßigkeit im Kontext der Naturforschung, denen sich Kant im zweiten Teil des Buches, also in der *Kritik der teleologischen Urteilskraft*, zuwendet, lauten: Gibt es auch objektive Zweckmäßigkeit, also eine Zweckmäßigkeit, die den Objekten selbst zugeschrieben wird? Inwiefern müssen wir die Natur teleologisch erklären, also mit Blick auf Ziele bzw. Zwecke (gr. *telos*, ›das Ziel‹)? Diese Erklärungsweise, die bei Aristoteles eine zentrale Rolle spielt, war in der Neuzeit vom kausalen, mechanistischen Denken verdrängt worden, das ein Ereignis in Hinblick auf eine ihm zeitlich vorgängige Ursache zu erklären versucht, nicht in Hinblick auf ein zu erreichendes Ziel. Ein Anliegen der *Kritik der Urteilskraft* ist es, die Beziehung dieser beiden Denkformen zu klären.

Kants Untersuchungsgegenstand sind zunächst einzelne Naturprodukte, und zwar lebendige Wesen. Seine These lautet, dass wir Organismen nur als Naturzwecke verstehen können. Eine zentrale Charakterisierung lautet wie folgt: Ein »Ding existiert als Naturzweck, wenn es von sich selbst (obgleich in zwiefachem Sinne) Ursache und Wirkung ist« (V: 370). Doch was soll das heißen?

Kant erläutert den Sachverhalt am Beispiel eines Baumes: Wenn ein Baum einen anderen erzeugt, ist er gleichzeitig Ursache und Wirkung, denn er selbst ist eine Wirkung eines anderen Baumes, und er ist seinerseits die Ursache weiterer Bäume dieser Gattung. Außerdem kann das Wachstum eines Baumes auch als eine Art von Erzeugung seiner selbst verstanden werden, denn der Baum wandelt Naturmaterial so um, dass es zu baumeigenem Material wird. Kurz: Durch die Erzeugung und Erhaltung seiner Teile kann der Baum also als Ursache und

Wirkung seiner selbst angesehen werden. Die Blätter sind zwar Produkte des Baumes, erhalten ihn aber auch selbst. Genau dieses wechselseitige Abhängigkeitsverhältnis von Teilen und Ganzem macht ein zweckmäßiges Gebilde aus.

Durch all diese Vorgänge unterscheiden sich Organismen von rein mechanischen Gegenständen. Als Kontrast zum Baum wählt Kant mit einer Uhr das Paradebeispiel des mechanistischen Weltbildes. Eine Uhr bringt keine andere Uhr hervor, sie erzeugt keine eigenen neuen Teile und kann sich nicht selbst reparieren. Kant schließt:

> Ein organisiertes Wesen ist also nicht bloß Maschine: denn die hat lediglich *bewegende* Kraft; sondern es besitzt in sich *bildende* Kraft und zwar eine solche, die es den Materien mitteilt, welche sie nicht haben (sie organisiert): also eine sich fortpflanzende bildende Kraft, welche durch das Bewegungsvermögen allein (den Mechanism) nicht erklärt werden kann. (V: 374)

Kant ist sich sicher, dass Organismen nie vollständig mechanistisch erklärt werden können – dass es nie einen »Newton des Grashalms« (V: 400) wird geben können. Es liegt, so Kant, an den Eigenarten des menschlichen Verstandes, dass dieser in der Naturbetrachtung sowohl mechanisch-kausale als auch teleologische Erklärungsmuster anwenden muss. Das führt ihn zu der Idee, dass es einen Grund der Natur geben könnte, in dem der Gegensatz der beiden Beurteilungsweisen versöhnt wäre. Und dies müsste ein Verstand besonderer Art sein. So leiten Kants Reflexionen über Organismen zu der Annahme eines »nach Absichten handelnden Wesen als Weltursache« (V: 400), also zu Gott. Wenn Gott nach Absichten handelt, dann hat er auch die Welt mit einer Absicht geschaffen, sodass wir nach der Zweckmäßigkeit der Natur als Ganzes fragen können.

So geht es in den letzten Teilen der *Kritik der Urteilskraft* nicht mehr um die ›innere‹ Zweckmäßigkeit (also die Frage, wie die Teile und das Ganze eines Organismus organisiert sind), sondern um die ›äußere‹ Zweckmäßigkeit von Gegenständen im Sinne ihrer Brauchbarkeit als Mittel für andere Zwecke und damit letztlich auch um die Frage: Hat die Welt als Ganzes einen Zweck?

## Der Mensch als Krone der Schöpfung

Die Frage, ob die Natur zweckmäßig eingerichtet ist, führt Kant zur Frage nach dem l e t z t e n Zweck: Die Natur als Ganzes ist dann zweckmäßig eingerichtet, wenn sie ein geordnetes System, eine Hierarchie von Zwecken, bildet. Das ist unter der Bedingung möglich, dass es einen letzten Zweck der Natur gibt, der nicht Mittel zu einem anderen Zweck ist. Die Frage »Wozu ist etwas da?« muss irgendwann an ein Ende kommen.

Eine der provokantesten Aussagen in Kants Philosophie lautet, dass dieser letzte Zweck der Natur, den Kant den ›Endzweck‹ nennt, der Mensch ist. Als allzu provokant wird dies zu Kants Zeiten wohl nicht aufgefallen sein, da die theologische Annahme, der Mensch sei die Krone der Schöpfung, kaum hinterfragt wurde. Doch heute erscheint diese Position vermessen, als ein Ausdruck menschlicher Selbstüberschätzung, die der Unterwerfung und Ausbeutung der Natur ihre philosophische Legitimation verleihen will. Brauchen wir anstelle des Anthropozentrismus, der den Menschen als Maß aller Dinge in das Zentrum setzt, nicht eine bescheidenere Haltung, die der Natur zu ihrem Recht verhilft?

Sicherlich ist Kants Position in gewissem Sinn anthropozentrisch. Doch gibt es eine Einschränkung, die Kants Position die Spitze nimmt und sie für uns annehmbarer macht. Der Mensch ist, so Kant, nicht per se Endzweck, sondern nur als moralisches Wesen. Damit ist der Titel ›Endzweck‹ gleichermaßen Auszeichnung wie Verpflichtung: Die Beförderung des höchsten Guts (einer perfekt gerechten Welt) ist das, wodurch wir »würdig werden können selbst Endzweck einer Schöpfung zu sein« (V: 469).

Die Annahme des Menschen als Endzweck der Natur erfüllt eine wichtige Funktion bei der Antwort auf die übergreifende Frage der *Kritik der Urteilskraft*, wie sich die ›große Kluft‹ zwischen Natur und Freiheit bzw. Moral überbrücken lässt. Ein wesentlicher Teil von Kants Antwort lautet: Wir können uns das ›Reich der Natur‹ und das ›Reich der Moral‹ als miteinander verbunden denken, indem wir uns die Natur so vorstellen, dass ihr eigener letzter Zweck gleichzeitig ein moralischer Zweck ist. Und dieser Zweck ist der Mensch als moralisches Wesen. Der Mensch als freies, moralisches Wesen steht damit nicht außerhalb der Natur, sondern wird als ihr eigenes Produkt verstanden. Damit wird die Natur so vorgestellt, dass sie von ihrer eigenen Struktur her der Moral zuträglich ist. Und die Moral wird so vorgestellt, dass sie durch Natur befördert wird. Auf diese Weise können wir uns verständlich machen, wie es möglich ist, dass die Moral in der Welt wirklich gemacht werden kann.

## 5. Politik und Fortschritt – Der Weg zum ewigen Frieden

Kant nahm lebhaften Anteil am politischen Geschehen seiner Zeit. Bei seinen Tischgesprächen bildete eines seiner Lieblingsthemen die Französische Revolution von 1789, die er als »Geschichtszeichen« (VII: 84) für den moralisch-politischen Fortschritt verstand. Obwohl Kant jegliche Gewalt und insbesondere die Hinrichtung des Königs scharf verurteilte, verteidigte er die Revolution beharrlich gegen ihre Kritiker.

Dazu gehörte auch Mut, denn öffentliche Äußerungen über Politik sind zu Kants Zeit nicht ohne Risiko. Gegen Ende seiner akademischen Laufbahn bekommt auch er Probleme mit der Zensur. Friedrich Wilhelm II., der 1786 den Thron besteigt, setzt den liberalen Kurs der Regierung von Friedrich dem Großen nicht fort. Stattdessen erlässt er 1788 ein Religions- und Zensuredikt, durch das die Meinungsfreiheit auch an der Universität wieder in Gefahr gerät.

1792 verfasst Kant den Text *Von dem Kampf des guten Prinzips mit dem bösen um die Herrschaft über den Menschen* für die *Berlinische Monatsschrift*, das Sprachrohr der Berliner Aufklärung. Der wird vom Zensurbüro zurückgewiesen. Dass Kant ihn wenig später als Teil der *Religion innerhalb der Gren-*

*zen der bloßen Vernunft* (1793) veröffentlicht, musste als Provokation verstanden werden. Prompt erhält er 1794 auf Spezialbefehl des Königs eine Abmahnung. Der Vorwurf lautet: »Entstellung und Herabwürdigung mancher Haupt- und Grundlehren der Heiligen Schrift und des Christentums«. Es drohen »bei fortgesetzter Renitenz« bzw. Widerständigkeit eine Reihe »unangenehmer Verfügungen«.

In seiner Antwort verteidigt sich Kant, er habe die Religion doch gar nicht herabgesetzt. Doch verspricht er, als »getreuester Untertan« des Königs, in Folge nichts mehr über Religion zu veröffentlichen. (Das war ein Trick: Denn so muss sich Kant nach dem Tod des Königs 1797 nicht mehr an sein Versprechen halten, da er nicht mehr ›Untertan‹ dieses einen Königs ist.)

Um Probleme mit der Zensur zu vermeiden, beginnt eine von Kants berühmtesten kürzeren Schriften, *Zum ewigen Frieden* (1795), mit einer ›Schutzklausel‹: Von den Ideen eines Philosophen, eines bloß »theoretischen« Politikers, könne keine Gefahr für den Staat ausgehen, da der »praktische« Politiker, der »Staatsmann«, diesen Ideen keine Aufmerksamkeit zu schenken brauche.

Die politischen Ideen, die Kant in dieser Friedensschrift darlegt, gehören zu den einflussreichsten seines Werkes. Er entwickelt die rechtlichen Bedingungen, die zur Sicherung des Friedens nötig sind, eines dauerhaften Friedens, der seinen Namen verdient und kein bloßer Waffenstillstand ist. Diese rechtliche Ordnung, die in der *Rechtslehre* noch systematischer abgehandelt werden sollte, ist ein Dreiklang aus Staatsrecht, Völkerrecht und Weltbürgerrecht. Alle drei Rechtsformen sind laut Kant notwendig, um einen anhaltenden Frieden zu verwirklichen. Dieser Frieden erfordert eine bestimmte

Form der Freiheit, nämlich nicht die »wilde, gesetzlose« (VIII: 357), sondern die gesetzesförmig geregelte Freiheit.

## Staatsrecht: Herrschaft und Freiheit

Die tragende Säule von Kants Staatsverständnis stellt das »angeborene Recht« (VI: 237) auf Freiheit dar:

> Freiheit (Unabhängigkeit von eines Anderen nötigender Willkür), sofern sie mit jedes Anderen Freiheit nach einem allgemeinen Gesetz zusammen bestehen kann, ist dieses einzige, ursprüngliche, jedem Menschen kraft seiner Menschheit zustehende Recht. (VI: 237)

Dieses Recht, das jedem Menschen als Menschen zukommt, bietet eine Steilvorlage dafür, Kant als einen Vordenker der Menschenrechte zu sehen. Auch sein Begriff der absoluten Würde von Personen scheint geschaffen dafür, Menschenrechte zu begründen.

Allerdings ist die Beziehung zwischen Kants praktischer Philosophie und der heutigen Konzeption von Menschenrechten kompliziert. Nicht zuletzt fragt sich, wie aus einem angeborenen Recht ein ganzer Katalog von Menschenrechten abgeleitet werden könnte. Immerhin nennt Kant zwei Rechte, die ihm zufolge direkt aus dem Recht auf Freiheit folgen, nämlich zum einen Gleichheit und Selbständigkeit der Staatsbürger sowie zum anderen Meinungsfreiheit.

Die einzige Verfassung, die für Kant dem Freiheitsrecht entspricht, ist die republikanische (die unserem heutigen Verständnis von repräsentativer Demokratie sehr nahekommt). Denn die republikanische Verfassung zeichnet sich dadurch aus, dass sich in ihr die Staatsbürger als selbstgesetzgebend verstehen können. Kant zählt mit Thomas Hobbes, John Locke und Jean-Jacques Rousseau zu den Vertragstheoretikern, die die Legitimität von staatlicher Herrschaft an die Idee eines ursprünglichen Vertrags binden. Dabei wird von Kant der Vertrag nicht als tatsächliche Übereinkunft, sondern als normative Idee vorausgesetzt, die den Souverän bei der Ausübung seiner Autorität leiten soll: Der Souverän verpflichtet sich, die Gesetze so zu geben, »als sie aus dem vereinigten Willen eines ganzen Volkes haben entspringen können, und jeden Untertan [...] so anzusehen, als ob er zu einem solchen Willen mit zusammen gestimmet habe« (VIII: 297).

Kants Staatstheorie war wegweisend für den politischen Liberalismus (von lateinisch *liberalis*, ›die Freiheit betreffend‹), der auch unser heutiges Staatsverständnis prägt. Kants Begründung von Herrschaft setzt Freiheit als angeborenes Recht voraus. Und der Staat legitimiert sich gerade dadurch, dass er individuelle Freiheitsrechte sichert.

Was passiert allerdings, wenn faktisch existierendes Recht diesem Anspruch nicht gerecht wird? Was können oder sollten Bürger tun, die unter ungerechter Herrschaft zu leiden haben? Kants berühmt-berüchtigte Antwort lautet: Es gibt kein Recht auf Widerstand. Er verkündet eine »Pflicht des Volks einen, selbst den für unerträglich ausgegebenen, Missbrauch der obersten Gewalt dennoch zu ertragen« (VI: 320).

Das Widerstandsverbot irritiert: Zeigt sich hier eine Inkonsistenz im kantischen Denken, die einer Kapitulation vor der preußischen Staatsautorität gleichkommt? Oder sind ungerechte Staaten (wie die Nazi-Herrschaft) gar keine Staaten im vollen Sinne, sodass in diesen politischen Gebilden auch keine Pflicht zum Gehorsam bestünde?

Kants Position wird durch die Auffassung motiviert, dass Anarchie schlechter als jede Form staatlicher Organisation ist. Einen Streit zwischen dem Volk und seinem Herrscher, so nimmt Kant an, kann kein Richter schlichten, denn dann »müsste es noch ein Oberhaupt über dem Oberhaupte geben, welches zwischen diesem und dem Volk entschiede; welches sich widerspricht« (VIII: 300). Die gewaltsame Rebellion würde also zum »Zustand einer völligen Gesetzlosigkeit [...], wo alles Recht aufhört, wenigstens Effekt zu haben« (VIII: 301) führen. Damit hätte das rebellierende Volk jedoch das Kind mit dem Bade ausgeschüttet, da es auf diese Weise alle Freiheit verlieren würde, die es gegen den ungerechten Herrscher verteidigen wollte. Kant zieht also als Motor des politischen Fortschritts jede allmähliche Reform der unberechenbaren Revolution vor.

Doch wie passt das zusammen: Revolutionsverbot und Kants Begeisterung für die Französische Revolution? Anscheinend verstand Kant Letztere gar nicht als echte Revolution. Er sieht es zumindest zeitweise so: Ludwig XVI. hatte im Grunde bereits abgedankt, als er die Generalstände einberief. Also hatte der Monarch selbst dem Volk die Souveränität übertragen, sodass es sich nicht um eine Rebellion handelte (vgl. VI: 341). Kants früher Biograph Jachmann charakterisiert Kants Anteilnahme an den Vorgängen in seinem Nachbarland als Interesse an »dem Experiment, die von der Vernunft aufgegebene Idee einer vollkommenen Staatsverfassung zu realisieren« (Groß 1912, 175). Kant lässt den Spruch »kluger Männer« nicht gelten, ein »gewisses Volk« sei »zur Freiheit noch nicht reif«, und verteidigt die (wenn auch »rohen«) Versuche, sich zu befreien: »allein man reift für die Vernunft nie anders, als durch eigene

Versuche« (VI: 188). Schließlich lobt er die emotionale Reaktion der Zeugen der Revolution: Diese zeige eine »Teilnehmung dem Wunsche nach, die nahe an Enthusiasm grenzt, und deren Äußerung selbst mit Gefahr verbunden war« (VII: 85). Da die emotionale Anteilnahme nicht mit Eigeninteresse erklärt werden kann, lässt sie auf eine weitverbreitete moralische Anlage schließen – und damit darauf hoffen, dass der moralische und rechtliche Fortschritt vorangetrieben wird.

## Völkerrecht: Eine Vorlage für die UNO

Zum Völkerrecht gehören laut Kant Normen, die den Krieg regeln. Allerdings haben diese nur einen vorläufigen Platz im Völkerrecht, bis nämlich der Krieg vollständig abgeschafft ist.

Den eigentlichen Kern des Völkerrechts bildet nach Kant die dauerhafte rechtliche Ordnung zwischen den Staaten. Denn auf der Ebene der Staaten gilt dasselbe wie auf der Ebene der Individuen: Ohne rechtlichen Rahmen herrscht Krieg oder zumindest die ständige Gefahr eines Krieges. Dieses Problem soll der Völkerbund lösen:

> [Es muss] einen Bund von besonderer Art geben, den man den Friedensbund [...] nennen kann, der [...] alle Kriege auf immer zu endigen suchte. Dieser Bund geht [...] lediglich auf Erhaltung und Sicherung der Freiheit eines Staats für sich selbst und zugleich anderer verbündeten Staaten, ohne dass diese doch sich deshalb (wie Menschen im Naturzustande) öffentlichen Gesetzen und einem Zwange unter denselben unterwerfen dürfen. (VIII: 356)

Kants Konzeption des Völkerrechts gilt als eine seiner wirkmächtigsten Ideen. Sie lieferte die Blaupause für die Bildung des Völkerbundes nach dem Ersten Weltkrieg 1919. Zwar war der Völkerbund spätestens mit Ausbruch des Zweiten Weltkriegs gescheitert, doch seine Nachfolgeorganisation, die Vereinten Nationen, versucht seither, im Sinne Kants die »Erhaltung und Sicherung der Freiheit« (VIII: 356) der Mitgliedsstaaten, friedliche Streitschlichtung sowie den Schutz der Menschenrechte und Grundfreiheiten zu sichern.

Der Völkerbund muss einen schwierigen Balanceakt vollführen: Einerseits sollte er genug Verbindlichkeit besitzen, um Staaten am Krieg zu hindern, andererseits darf er die innere Autonomie der Staaten nicht einschränken und keiner ›Zusammenschmelzung‹ zu einer globalen Supermacht gleichkommen. Man kann gut verfolgen, wie Kant mit dieser Frage gerungen hat. Doch gelangt er am Ende zu der Ansicht, dass Staaten in einer Weise souverän sind, in der es Individuen nicht sind. Individuen sollen daher in einen Staat eintreten, während Staaten »innerlich schon eine rechtliche Verfassung haben und also dem Zwange anderer, sie nach ihren Rechtsbegriffen unter eine erweiterte gesetzliche Verfassung zu bringen, entwachsen sind« (VI: 355 f.).

## Weltbürgerrecht: Kant und die Globalisierung

Mit dem Staatsrecht hat Kant den rechtlichen Rahmen der Beziehungen zwischen Individuen innerhalb eines Staates, mit dem Völkerrecht denjenigen der Beziehungen zwischen Staaten festgelegt. Was bleibt jetzt noch zu tun?

Die innovative Idee von Kants Weltbürgerrecht lautet, dass

Individuen nicht nur Mitglieder von Staaten, sondern Mitglieder einer *globalen* Rechtsgemeinschaft sind. Dabei klingt das, was das Weltbürgerrecht ausmacht, auf den ersten Blick bescheiden: Es soll nämlich »auf Bedingungen der allgemeinen Hospitalität eingeschränkt sein« (VIII: 357). Bei ›Hospitalität‹ handelt es sich nicht um ein ›Gastrecht‹ (also das Recht zu bleiben, solange man mag), sondern bloß um ein ›Besuchsrecht‹, genauer: um »das Recht eines Fremdlings, seiner Ankunft auf dem Boden eines andern wegen von diesem nicht feindselig behandelt zu werden« (VIII: 358).

Kants Überlegungen zum Weltbürgerrecht haben im Zuge der Globalisierung immer weiter an Relevanz gewonnen. Er begründet *de facto* ein Asylrecht, wenn er sagt, dass ein Besucher dann abgewiesen werden kann, »wenn es ohne seinen Untergang geschehen kann« (VIII: 358). Denn im Umkehrschluss heißt das: Wenn eine Abweisung den ›Untergang‹ der Person bedeuten würde (weil sie z. B. politisch verfolgt wird), darf man sie nicht abweisen.

Darüber hinaus nimmt Kant erstaunlicherweise eine globale Öffentlichkeit vorweg, wenn er ausführt, dass »Rechtverletzung an einem Platz der Erde an allen gefühlt wird« (VIII: 360). Heute werden mit von der UNO organisierten ›Weltgipfeln‹ zu globalen Problemen Ansätze der Idee einer globalen Öffentlichkeit verwirklicht, die auf Politik Einfluss zu nehmen versucht.

Das Weltbürgerrecht bietet Kant auch die Grundlage für seine Kritik am Kolonialismus. Hier liegt die Pointe der Einschränkung des Gastrechts auf ein bloßes Besuchsrecht: Wir erwerben kein »Recht der Ansiedlung auf dem Boden eines anderen Volks« (VI: 353). Kant hat einen klaren Blick für die Ambivalenzen des Handelsgeistes: Auf der einen Seite formuliert er die Annahme, Handel könne zum Frieden beitragen (vgl. VIII: 568), auf der anderen Seite verurteilt er »das inhospitable Betragen der gesitteten, vornehmlich handeltreibenden Staaten unseres Weltteils«, insbesondere die »Ungerechtigkeit, die sie in dem Besuche fremder Länder und Völker (welches ihnen mit dem Erobern derselben für einerlei gilt) beweisen« (VIII: 358). Das Selbstbestimmungsrecht der Völker verbiete jedoch jede Form von gewaltsamer Besetzung; Ansiedlung könne »nur durch Vertrag, und selbst dieser nicht mit Benutzung der Unwissenheit jener Einwohner in Ansehung der Abtretung solcher Ländereien geschehen« (VI: 353). Außerdem spricht sich Kant in dem Zusammenhang unmissverständlich gegen die Sklaverei aus.

## Unhaltbarer Optimismus?

Der ewige Friede: Ist das nicht eine bloße Chimäre? Kant endet die Friedensschrift mit der Beteuerung, dass der ewige Frieden »keine leere Idee«, sondern eine »Aufgabe« (VIII: 386) sei, deren Erfüllung wir uns annähern können und müssen. Warum glaubt er das?

Kant vertritt eine bestimmte Vorstellung von menschlicher Geschichte, die aus heutiger Sicht überraschen mag: Er nimmt an, dass die menschliche Geschichte ein Ziel hat. Genauer: Er arbeitet heraus, unter welchen Bedingungen wir annehmen können, dass die Geschichte ein Ziel hat. Damit legt er die Grundlage für die Geschichtsphilosophie des Deutschen Idealismus. Doch während Hegel in seiner *Vorlesung über die Philosophie der Weltgeschichte* meint, wir könnten den notwendigen Fortschritt sogar erkennen, ist Kant deutlich bescheidener:

Erkennen können wir den Fortschritt nicht, doch dürfen wir hoffen, dass wir auf dem Weg zum ewigen Frieden sind. Worauf gründet Kant diese Hoffnung?

Eine wichtige Stütze der Hoffnung ist für Kant das Vertrauen in die Natur. Er sieht, wie Habermas es nennt, »der Vernunft naturwüchsig entgegenkommende Tendenzen« – ja, er schreibt der »großen Künstlerin« Natur sogar (metaphorisch) Absichten zu. Dennoch ist klar: Die Natur bietet uns nur günstige Bedingungen und Möglichkeiten, doch ergreifen müssen wir die Möglichkeiten selbst, um eine bessere Zukunft zu schaffen.

Wie stellt es die Natur Kant zufolge an, uns auf dem Weg zum ewigen Frieden zu unterstützen? Kant sieht mehrere Mechanismen am Werk.

Das zwiespältige Verhältnis, das Menschen zueinander haben, wird durch ›ungesellige Geselligkeit‹ gekennzeichnet. Einerseits suchen Menschen die Gemeinschaft mit anderen, andererseits empfinden sie Widerstand gegen andere, befinden sich miteinander in Konflikt und im Wettbewerb gegeneinander.

Kant verleiht den negativen Aspekten der ungeselligen Geselligkeit wie Neid, Eifersucht, Habsucht und Arroganz eine originelle Pointe: Sie seien Motor zur Entwicklung der eigenen Talente und damit zur Entfaltung menschlicher Fähigkeiten. In ihrer ungezügelten Form verursacht ungesellige Geselligkeit allerdings Kampf und Not. Diese Not drängt zu ihrer eigenen Überwindung. So unterstützt die zwiespältige Naturanlage des Menschen laut Kant die Bildung staatlicher Gemeinschaften, in denen das Gegeneinander so geregelt wird, dass nicht seine destruktiven, sondern seine produktiven Effekte zum Tragen kommen.

Weitere natürliche Mechanismen, die Kant herausarbeitet, sind 1. die friedensfördernde Struktur von Republiken (dürften die Staatsbürger über Krieg und Frieden entscheiden, würden sie Kriege vermeiden, da sie unter den Kriegsfolgen am meisten zu leiden hätten), 2. die Tendenz des Handels, den Frieden zu begünstigen und 3. die Funktion der Kontrolle durch die politische Öffentlichkeit.

Es lässt sich darüber streiten, ob die historischen Entwicklungen Kant in allen Details recht geben. Die mit dem unregulierten Handel einhergehenden Ungerechtigkeiten und die Veränderungen einer zunehmend im digitalen Raum stattfindenden Öffentlichkeit bieten mehr Sprengstoff für Konflikte, als Kant es ahnen konnte. Dennoch können diese Tatsachen Kants Fortschrittshoffnung nicht ein für alle Mal widerlegen. Kant lädt uns dazu ein, die Aufmerksamkeit auf die positiven, mutmachenden Tendenzen zu richten. Dabei läuft er nicht Gefahr, in Wunschdenken zu verfallen: Kant ist Realist, er verschließt nicht die Augen vor Not und Krieg. Doch solange es keinen endgültigen Beweis gegen die Möglichkeit des ewigen Friedens gibt, dürfen wir nicht annehmen, dass es sich um eine bloße Chimäre handelt, sondern müssen unser Bestes tun, um ihn Stück für Stück zu verwirklichen.

## Hoffen und Handeln

Kants Geschichtsphilosophie soll auch einen praktischen Unterschied für unser Leben bewirken. In seiner Auseinandersetzung mit Moses Mendelssohn, der jede Fortschrittsthese ablehnt, wagt Kant die Behauptung, dass Hoffnung auf Fortschritt sogar *notwendig* ist, um Ziele zu verfolgen, die über den eigenen Tod hinausreichen. Sein Argument: Mendelssohn widerspricht sich selbst, wenn er an der Verbesserung der Bedingungen für zukünftige Generationen mitarbeitet, doch gleichzeitig behauptet, er habe keine Hoffnung auf Besserung. Denn wenn wir ein Ziel verfolgen, müssen wir vernünftigerweise annehmen, dass seine Verwirklichung nicht unmöglich ist, mit anderen Worten: Wir müssen hoffen. Darüber hinaus legt Kant nahe, dass Hoffnung auch ein notwendiges Element mentaler Stärke sein könnte: Hoffnung hilft uns, nicht zu verzagen, wenn die Erreichung eines Ziels sehr unsicher ist. Wenn die Hoffnung bleibt, am Ende doch irgendwie erfolgreich zu sein, können wir entschiedener handeln.

Die Relevanz dieser Überlegungen für die heutige Zeit liegt auf der Hand: Angesichts der Klimakatastrophe sind wir dazu aufgerufen, entschlossen zu handeln. Doch wird die Menschheit es schaffen, die nötige Kooperation aufzubringen, um kollektiv ausreichend wirksam zu werden? Die Erfolgschancen sind unsicher. Kant legt die Auffassung nahe: Ohne Hoffnung sind unsere Bemühungen unvernünftig. Sie wären bloße Kämpfe gegen Windmühlen und womöglich auch nicht kraftvoll genug.

Doch stimmt es, dass wir ohne Hoffnung passiv bleiben? Kants Ethik des guten Willens deutet eigentlich auf etwas anderes hin: Wir können das Richtige allein deshalb tun, weil es das moralisch Geforderte ist, ohne dabei auf den Erfolg zu schielen. Daher kann die These nicht ganz überzeugen, Hoffnung sei *notwendig* für das Handeln.

Die spannende Idee, die wir in Kants Geschichtsphilosophie finden, ist, dass es ein Wechselverhältnis zwischen Hoffen und Handeln gibt. Einerseits kann Hoffnung das Handeln unterstützen, ein Mittel gegen Verzweiflung und Resignation sein. Doch andererseits können und müssen wir auch durch unser Handeln Gründe für Hoffnung schaffen. Wenn wir die Hoffnung aufrechterhalten wollen, das gute Leben zukünftiger Generationen zu befördern, müssen wir etwas dafür tun – und auf die Kooperation von anderen vertrauen. Die politische Hoffnung, die Kant hier in den Blick nimmt, ist mit der Hoffnung auf Solidarität eng verbunden.

Außerdem – und das ist der Grund zur Hoffnung, den die Geschichtsphilosophie liefert – dürfen wir annehmen, dass die Welt unseren Bemühungen nicht verschlossen ist, sondern uns dabei gleichsam ›entgegenkommt‹. In der *Kritik der reinen Vernunft* hatte Kant die Frage »Was darf ich hoffen?« auf das eigene Glück als Teil des höchsten Gutes bezogen. Dafür hatte Kant auch einen Glauben an die Unsterblichkeit für notwendig gehalten. In der politischen Philosophie begegnen wir der Idee des höchsten Gutes erneut, diesmal aber ausdrücklich für diese Welt: Der ewige Friede ist das »höchste politische Gut« (VI: 355), dem wir uns nur kooperativ, als menschliche Gemeinschaft, annähern müssen. Und Kant sagt uns auch, wie wir dies tun können: indem wir die rechtlichen Bedingungen schaffen, also Staatsrecht, Völkerrecht und Weltbürgerrecht etablieren, und Kinder zu moralisch guten Personen erziehen.

## 6. Aufklärung damals und heute

Es begann mit einer Fußnote. In der *Berlinischen Monatsschrift* wirft der Prediger Zöllner 1783 beiläufig die Frage auf: »Was ist Aufklärung?« Mit Moses Mendelssohn und Kant fanden sich gleich zwei bedeutende Denker unabhängig voneinander dazu aufgerufen, eine Antwort zu geben. Mendelssohn begreift Aufklärung als theoretisches Projekt, als eine Erweiterung unserer Erkenntnis. Kant hingegen stellt auch in dieser Frage das handelnde Subjekt in den Mittelpunkt: Aufklärung ist ein Projekt der Befreiung. Kants Antwort gilt heute als d i e Definition der Aufklärung: »Aufklärung ist der Ausgang des Menschen aus seiner selbstverschuldeten Unmündigkeit« (VIII: 35).

Doch was heißt hier »Unmündigkeit«, und inwiefern ist sie »selbstverschuldet«? Wie stellt sich Kant den »Ausgang« aus dieser Unmündigkeit bzw. die Emanzipation zur Mündigkeit vor? Und wieso ist Kants Verständnis von Aufklärung heute noch so wichtig?

Eine Leitidee der Aufklärung ist die Befreiung von Vorurteilen. Kaum ein Philosoph hat dies in einem so umfassenden Sinn verstanden wie Kant: Bereits die *Kritik der reinen Vernunft* ist ein aufklärerisches Werk, soll sie doch von falschen Urteilen und Begriffen befreien.

In seiner Schrift *Beantwortung der Frage: Was ist Aufklärung?* (1784) konzentriert sich Kant auf die Emanzipation aus der Unmündigkeit, also aus dem »Unvermögen, sich seines Verstandes ohne Leitung eines anderen zu bedienen« (VIII: 35). Unmündigkeit ist, so Kant, genau dann selbstverschuldet, wenn sie auf einen Mangel des Willens zurückgeht: auf einen Mangel der »Entschließung und des Mutes« (ebd.). Deshalb identifiziert Kant »Faulheit und Feigheit« (ebd.) als die Ursachen der selbstverschuldeten Unmündigkeit. Beide haben mit der Macht zu tun, die Autoritäten über Menschen haben.

Warum halten wir uns an Autoritäten? Oft ist es einfach bequemer, so Kant:

> Habe ich ein Buch, das für mich Verstand hat, einen Seelsorger, der für mich Gewissen hat, einen Arzt, der für mich die Diät beurteilt, u. s. w., so brauche ich mich ja nicht selbst zu bemühen. Ich habe nicht nötig zu denken, wenn ich nur bezahlen kann; andere werden das verdrießliche Geschäft schon für mich übernehmen. (VIII: 35)

Ein weiterer Grund ist, dass Selbstdenken (und entsprechendes Handeln) scheitern kann. Daher braucht es besonderen Mut, die Verantwortung für das eigene Denken und Handeln zu übernehmen, denn Erfolg ist nicht garantiert: »Habe Mut dich deines eigenen Verstandes zu bedienen!« (VIII: 35). Kant stellt auch fest, dass die Angst vor der Mündigkeit nicht nur den unmündigen Individuen anzulasten ist, sondern auch von den Autoritäten geschürt wird – denn natürlich lässt sich über gehorsame und ängstliche Menschen leichter Macht ausüben.

Doch warum sollten wir Mühe und Mut aufbringen? Kants Antwort lautet: Weil Freiheit und Selbstbestimmung hohe Güter sind! Sein Verständnis von Aufklärung zeigt, dass Freiheit und Selbstbestimmung nicht einfach gegeben sind, sondern immer wieder neu errungen werden müssen. Die Anlage dazu zeichnet den Menschen aus, Freiheit und Selbstbestimmung müssen aber erst im Kampf gegen Hindernisse im Laufe der Zeit verwirklicht werden.

Diese Verwirklichung von Freiheit ist nicht nur ein individuelles, sondern auch ein kollektives Projekt. Denn einzelne Personen stehen vor dem Paradox der Selbstbefreiung: Wie könnte es gelingen, sich selbst zu befreien, wenn doch die Ursachen der Unmündigkeit in einem selbst liegen? Genau an dieser Stelle kommt die kollektive Ebene ins Spiel: Kant meint, dass es leichter sei, dass sich das ›Publikum‹ – die Öffentlichkeit – aufkläre. Wir können uns gegenseitig dabei helfen, mündige Subjekte zu werden. Eine zentrale Rolle kommt dabei der Politik zu: Die Aufklärung muss »nach und nach bis zu den Thronen hinaufgehen und selbst auf […] Regierungsgrundsätze Einfluss haben« (VIII: 28). Damit berührt Kants Konzeption der Aufklärung auch seine Geschichtsphilosophie: Der »Keim der Aufklärung« (VIII: 30) wird immer weitergetragen und ermöglicht den Fortschritt der Menschheit.

Wie ist es nun um die Aufklärung der eigenen Zeit bestellt? Kant stellte für seine Zeit fest, er lebe zwar nicht in einem »aufgeklärten Zeitalter« (in dem Aufklärung vollständig verwirklicht ist), aber doch in einem »Zeitalter der Aufklärung« (VIII: 40) bzw. im »Zeitalter der Kritik« (A XI, Anm.) oder dem »Jahrhundert Friedrichs« (VIII: 40): Mit Friedrich II. hat Preußen – nach der repressiven Regierung Friedrich Wilhelm I. – einen König, der sich nicht nur selbst als Aufklärer beschreibt, sondern auch tatsächlich aufklärerische Reformen anstieß: Er verfolgte eine tolerante Religionspolitik, baute das Bildungssystem aus und reformierte das Justizsystem.

## Selbstdenken heute

Kants Aufruf zum Selbstdenken hat nichts an Aktualität eingebüßt. Zwar sind es nicht mehr die religiösen Autoritäten oder Könige, die uns vorschreiben wollen, was wir zu denken haben. Auch Ziele der Aufklärung wie allgemeine Bildung und selbstbestimmte Lebensführung sind in westlichen Demokratien zu einem größeren Maße verwirklicht worden. Doch selbstverschuldete Unmündigkeit ist nicht aus der Welt: Insbesondere die digitale Welt ist voller Versuchungen, das ›verdrießliche Geschäft‹ des eigenen Nachdenkens doch lieber einzustellen.

Doch was bedeutet es für uns heute, sich des ›eigenen Verstandes zu bedienen‹? Angesicht der immer komplexer werdenden Wissensgebiete wäre es vermessen, jedes Urteil auf eigene Recherchen zu gründen. Niemand kann sich mit allem auskennen; alle müssen sich auf Aussagen von Expert:innen verlassen. Kant wählt als Beispiel für selbstverschuldete Unmündigkeit den »Arzt, der für mich die Diät beurteilt«, und das ist irritierend: Wäre es nicht viel eher u n v e r n ü n f t i g (und nicht faul oder feige!), sich auf das Urteil der Ärztin zu verlassen, weil sie sich schlicht und einfach besser auskennt? Folgt es aus Kants Ansatz tatsächlich, dass wir auch wissenschaftlichen Autoritäten misstrauen und stattdessen unsere Urteile etwa über die Wirksamkeit einer Impfung auf unseren eigenen Laienverstand stützen sollten? Wie könnten Selbstdenken und Vertrauen in Bezug auf Expert:innen zusammenpassen?

Kant nimmt eine entscheidende Qualifizierung vor: Für ihn fällt Selbstdenken mit Richtigdenken zusammen:

> Selbstdenken heißt den obersten Probierstein der Wahrheit in sich selbst (d. i. in seiner eigenen Vernunft) suchen; und die Maxime, jederzeit selbst zu denken, ist die Aufklärung. [...] Sich seiner eigenen Vernunft bedienen, will nichts weiter sagen, als bei allem dem, was man annehmen soll, sich selbst fragen: ob man es wohl tunlich finde, den Grund, warum man etwas annimmt, oder auch die Regel, die aus dem, was man annimmt, folgt, zum allgemeinen Grundsatze seines Vernunftgebrauchs zu machen. (VIII: 146 f., Anm.)

Kant formuliert hier nichts weniger als einen kategorischen Imperativ für das Denken! Wie für das Handeln fordert die Vernunft auch für das Denken (zumindest in der Vorstellung, oft aber auch in der Realität) die Berücksichtigung der anderen: Wer in Kants Sinne selbst denkt, prüft die Gründe seiner Meinungen daraufhin, ob jede vernünftige Person ihre Meinungen auf diese Gründe stützen könnte. Selbstdenken ist also immer auch schon verallgemeinerungsfähiges Denken.

Da Selbstdenken für Kant richtiges Denken ist, ist es wichtig, auch die Grenzen des eigenen Denkens zu reflektieren. Das heißt auch, dass man genau dann auf Expert:innen vertrauen muss, wenn die eigene Kenntnis nicht ausreicht. Vielleicht denkt Kant in seinem Arztbeispiel an einen einfachen Ratschlag bezüglich der ›Diät‹, auf den der gesunde Menschenverstand selbst hätte kommen können. Doch bei der Beantwortung von komplexeren Fragen, die immenses Hintergrundwissen erfordern, würde Kant sicherlich zustimmen, dass es vernünftig ist, auf diejenigen zu hören, die sich mit der Materie auskennen. Allerdings darf das Vertrauen in Experten auch nicht blind sein: Selbstdenken muss heute auch umfassen, die Verlässlichkeit von Quellen zu prüfen. Fest steht, dass es sich bei einigen Formen des selbsternannten ›Selbstdenkens‹ (wie es etwa in exzessiver Wissenschaftsskepsis, beispielsweise bei der Leugnung des menschengemachten Klimawandels, zum Ausdruck kommt) nach Kant gar nicht wirklich um Selbstdenken handelt.

## Kants Vorurteile I: War Kant ein Rassist?

Aufklärung als Befreiung von Vorurteilen: Wurde Kant selbst diesem Ideal gerecht?

Wir haben Kant als Verteidiger der moralischen Gleichheit und Würde kennengelernt. In eklatanter Spannung dazu steht, dass er in einigen Schriften für eine Hierarchie der Rassen eintritt, an deren Spitze die ›Weißen‹ stehen. Die Debatte um Kants Rassismus erreicht im Sommer 2020 die Feuilletons: Im Zuge der weltweiten Proteste der Black Lives Matter-Bewegung wurde in den Medien die Frage aufgeworfen, ob man nicht auch Kant vom Podest stoßen sollte.

Es ist kein bloßer Nebenschauplatz des kantischen Denkens: Kant hat sich jahrzehntelang mit der im 18. Jahrhundert aufkommenden ›Rassentheorie‹ beschäftigt. In Schriften wie *Bestimmung des Begriffs einer Menschenrace* (1785) versucht er, die beobachtbaren Unterschiede der Menschen zu systematisieren und mittels des Begriffs der ›Rasse‹ zu erklären. Dieses Vorhaben hat sich in der zweiten Hälfte des 20. Jahrhunderts als gescheitert erwiesen. Doch auch zu Kants Zeit wurde Rassentheorie etwa von Johann Gottfried Herder und dem Ethnologen Georg Forster kritisiert. Kant ist aber nicht nur einfach einer falschen wissenschaftlichen Theorie aufgesessen. Vielmehr verbindet sich die Rassentheorie auch bei Kant von Anfang an mit der Annahme einer Hierarchie der Rassen. Dass es bei Kant abwertende Aussagen über People of Color gibt, steht außer Frage – und es handelt sich nicht um zu vernachlässigende Patzer.

Schwieriger zu beantworten ist die Frage, ob rassistische Aspekte in Kants Werk Auswirkungen auf seine Philosophie als Ganzes haben. Ist Kants Universalismus in der Moral doch nur Schein? Oder kann die Idee der moralischen Gleichheit als ein kritisches Korrektiv zu rassistischer Diskriminierung dienen? Auch wenn Letzteres der Fall sein sollte, zeigen Kants rassistische Äußerungen, dass es mit diesem Maßstab allein nicht getan ist, sondern dass es wesentlich auf dessen konsequente Anwendung ankommt.

Allem Anschein nach hat Kant seine Meinung in Bezug auf ›Rassen‹ im Laufe seines Lebens geändert. Spätestens sein Entwurf des Weltbürgertums umfasst die Idee einer globalen moralischen Gemeinschaft. Doch selbst dann, wenn das stimmt, ist damit nicht das ganze Problem vom Tisch – denn Kant ist kein Einzelfall. Bei Hume und Hegel sieht es nicht besser aus. Wir müssen uns fragen, welche Rolle Rassismus und Kolonialismus in der ›westlichen‹ Philosophie überhaupt spielen und wie wir damit umgehen sollten. Dass Kants rassistische Äußerungen nicht mehr unter den Teppich gekehrt werden, ist sicherlich ein Fortschritt – und ein Akt der Aufklärung.

## Kants Vorurteile II: Frauen

Ähnliche Probleme werfen Kants Äußerungen über Frauen auf. Kant war nie verheiratet und unterhielt, soweit wir wissen, keine romantischen Beziehungen zu Frauen. Borowski berichtet zwar, dass es zwei Frauen in Kants Leben gegeben habe, die »sein Herz und seine Neigung an sich zogen« – dass jedoch Kant zu lange mit dem Heiratsantrag zögerte, sodass die Frauen andere Wege einschlugen. Eine besondere Beziehung, die nicht zuletzt auch wegen des Standesunterschieds freundschaftlich bleiben musste, begann in Kants Zeit als Hauslehrer zur Gräfin Charlotte von Keyserling.

Dass Kant die gebildete Gräfin hochschätzt, steht in seltsamem Gegensatz zu seinen Äußerungen über gebildete Frauen: »Mühsames Lernen oder peinliches Grübeln, wenn es gleich ein Frauenzimmer darin hoch bringen sollte, vertilgen die Vorzüge, die ihrem Geschlechte eigentümlich sind« (II: 229). Eine Frau, die die altgriechische Sprache oder die Gesetze der Mechanik beherrscht, »mag nur immerhin noch einen Bart dazu haben« (II: 230). Kurz: Eine gebildete Frau sei gar keine richtige Frau.

Ohne Zweifel sieht Kant Unterschiede zwischen den Geschlechtern. Doch es gibt Anhaltspunkte dafür, dass Kant die moralische Gleichheit der Geschlechter nicht in Frage stellt. So liefert er in seiner *Rechtslehre* ein weltliches Argument für die

Anonymes Gemälde, Kant um 1790

Ehe, das auf der grundlegenden Gleichheit der Ehepartner basiert. Trotzdem sind Frauen Kant zufolge rechtlich unmündig und damit wie Gesellen, Dienstboten und alle wirtschaftlich abhängigen Personen nur ›passive‹ Staatsbürger, die im Unterschied zu ›aktiven‹ Staatsbürgern kein Wahlrecht besitzen (vgl. VI: 314).

Kants Aussagen über Frauen ergeben also kein einheitliches Bild. Dass er Vorurteilen seiner Zeit erlegen ist, scheint jedoch auf der Hand zu liegen. Als Entschuldigung kann das aber nicht dienen: Gerade von einem Menschen wie Kant, der das Ideal des Selbstdenkens so hochgehalten hat, würde man auch in der Frage der Geschlechterverhältnisse eine größere kritische Distanz zu den seinerzeit gängigen Praktiken erwarten. Zudem hatte Kants Freund Hippel, der regelmäßig Gast bei Kants Tischgesellschaften war, eine Schrift zur rechtlichen Gleichstellung der Frau verfasst. Emanzipatorische Ideen dürften Kant also nicht fremd gewesen sein.

Was können wir im Lichte der problematischen Ansichten über People of Color und Frauen zu der Frage darüber sagen, ob man Kant vom Podest stoßen solle? Wenn ›auf einem Podest stehen‹ bedeutet, dass die Ansichten dieser Person ungeprüft übernommen werden können, dann gehört Kant nicht (und wohl auch sonst niemand) auf ein Podest gestellt. Kant hätte eine solche unangreifbare Stellung auch gar nicht gewollt, nennt er doch den, der eine fremde Philosophie bloß ehrfürchtig wiedergibt, einen »Gipsabdruck von einem lebenden Menschen« (A 836/B 864). Kant zeigt mit seinem Scheitern bei der konsequenten Anwendung seiner eigenen Grundideen, dass das Selbstdenken fehleranfällig ist und die Ergebnisse deshalb immer wieder hinterfragt werden müssen.

Doch ›auf einem Podest zu stehen‹ kann auch anzeigen, dass dieser Person in besonderer Weise Erinnerung gebührt, weil sie etwas Bedeutendes geschaffen hat. Und das ist hier ohne jeden Zweifel der Fall: Kants Werk ist der fortgesetzten Auseinandersetzung wert. Wie kein anderer hat Kant die Bedeutung der menschlichen Freiheit und die Fähigkeit, sich durch Vernunftgebrauch zu orientieren, verteidigt. Daran müssen wir festhalten, um den Herausforderungen der Zukunft begegnen zu können.

# Lektüretipps


Cassirer, Ernst: Kants Leben und Lehre. Darmstadt 1994 [1918].

Geier, Manfred: Aufklärung. Das europäische Projekt. Reinbek bei Hamburg 2012.

Groß, Felix (Hrsg.): Immanuel Kant. Sein Leben in Darstellungen von Zeitgenossen / Die Biographien von L. E. Borowski, R. B. Jachmann und A. Ch. Wasianski. Deutsche Bibliothek in Berlin 1912.

Henning, Tim: Kants Ethik. Eine Einführung. Stuttgart 2016.

Höffe, Otfried: Immanuel Kant. München 2014.

Korsgaard, Christine M.: Tiere wie wir. Warum wir moralische Pflichten gegenüber Tieren haben, München 2012.

Kühn, Manfred: Kant. Eine Biographie. München 2003.

Rawls, John: Eine Theorie der Gerechtigkeit. Frankfurt a. M. 1979 [1971].

Recki, Birgit: Ästhetik der Sitten. Frankfurt a. M. 2011.

Tetens, Holm: Kants *Kritik der reinen Vernunft*. Ein systematischer Kommentar. Stuttgart 2006.

Willaschek, Marcus: Kant. Die Revolution des Denkens. München 2023.

–, Georg Mohr / Jürgen Stolzenberg / Stefano Bacin: Kant Lexikon. 3 Bände. Berlin/New York 2015.

## Zu dieser Ausgabe

Kant-Zitate folgen dem Text der Ausgabe der Preußischen Akademie der Wissenschaften. Alle Passagen, außer der *Kritik der reinen Vernunft*, werden nach Band- und Seitenzahl der Akademieausgabe ausgewiesen, z. B. VIII: 35 = Band 8, Seite 227. Auf die *Kritik der reinen Vernunft* wird nach der Originalpaginierung der A- und B-Auflage verwiesen. verwiesen.

Die Zitate wurden in Orthographie und Zeichensetzung behutsam modernisiert.

## Dank

Ich danke meinem akademischen Lehrer Marcus Willaschek, von dem ich so viel über Kant lernen durfte. Ein herzlicher Dank auch an Larissa Berger, Fabian Burt, Jakob Huber, Achim Vesper und Anna Wehofsits für ihre Lektüre von Teilen des Buches – und Matthias für seine Begeisterung bei der Lektüre des Ganzen.

## Bildnachweis

S. 7: Kreidezeichnung der Gräfin Caroline,Charlotte, Amalia von Keyserling / aus Emil Fromm: Das Kantbildnis der Gräfin Karoline Charlotte Amalia von Keyserling. Um 1755. Nebst Mitteilungen über Kants Beziehungen zum gräflich Keyserlingschen Hause. © akg-images; S. 10: Emil Doerstling: Kant und seine Tischgenossen. 1892.; S. 49: Friedrich Heinrich Bils: Kants Wohnhaus in Königsberg (1842); S. 98: Anonym: Portrait des alten Kant (um 1790) © akg-images; Autorenfoto: © Claudia Blöser.

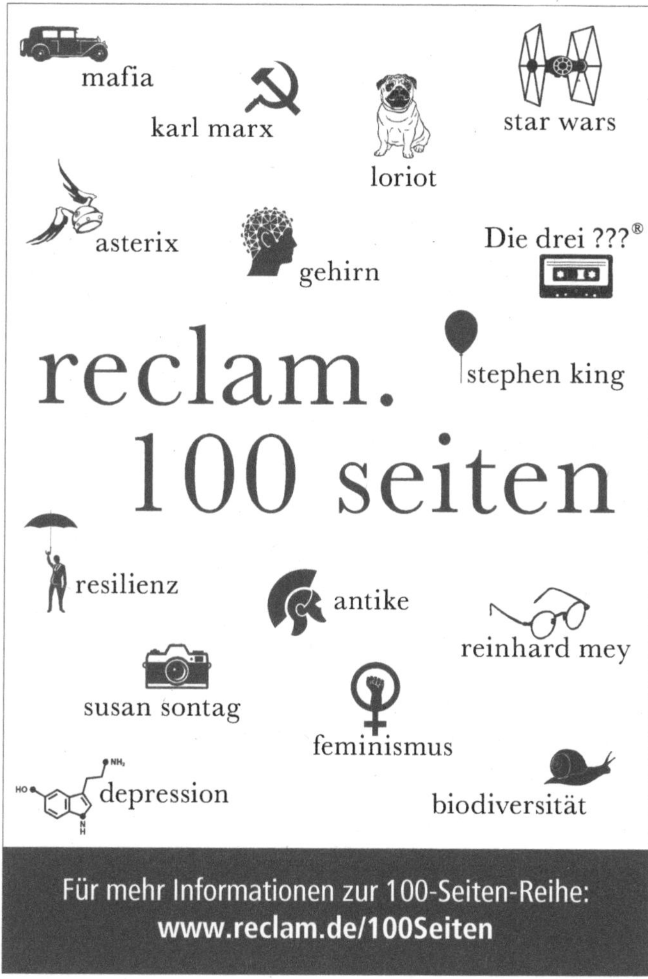

mafia
karl marx
loriot
star wars
asterix
gehirn
Die drei ???®
reclam.
100 seiten
stephen king
resilienz
antike
reinhard mey
susan sontag
feminismus
depression
biodiversität
Für mehr Informationen zur 100-Seiten-Reihe:
www.reclam.de/100Seiten